10 0294888 5

TTnet Dossier No 5

Validation of competences and the professionalisation of teachers and trainers

Cedefop Reference series; 32
Luxembourg: Office for Official Publications of the European Communities, 2002

A great deal of additional information on the European Union is available on the Internet.
It can be accessed through the Europa server (http://europa.eu.int).

Cataloguing data can be found at the end of this publication.

Luxembourg: Office for Official Publications of the European Communities, 2002

ISBN 92-896-0121-3
ISSN 1608-7089

Printed in Italy

The **European Centre for the Development of Vocational Training** (Cedefop) is the European Union's reference centre for vocational education and training. We provide information on and analyses of vocational education and training systems, policies, research and practice. Cedefop was established in 1975 by Council Regulation (EEC) No 337/75.

Europe 123
GR-57001 Thessaloniki (Pylea)

Postal address:
PO Box 22427
GR-55102 Thessaloniki

Tel. (30) 310 490 111
Fax (30) 310 490 020
E-mail: info@cedefop.eu.int
Home page: www.cedefop.eu.int
Interactive website: www.trainingvillage.gr

Anne de Blignières-Légeraud (Paris-Dauphine University, France)
Jens Bjørnåvold (Cedefop)
Anne-Marie Charraud (Ministry of Employment and Solidarity, France)
Françoise Gérard (Centre INFFO, France)
Stamatina Diamanti (Ekepis — National Accreditation Centre for Continuing Vocational Training Structures, Greece)
Alfred Freundlinger (IBW, Austria)
Ellen Bjerknes (Akershus College, Norway)
Horacio Covita (Inofor, Portugal)

Edited by:
Cedefop
Mara Brugia, Project manager

Published under the responsibility of:
Johan van Rens, Director
Stavros Stavrou, Deputy Director

Contents

Annex

Glossary on identification, assessment and recognition
of qualifications and competences and transparency
and transferability of qualifications
(extract from *Making learning visible:
identification, assessment and recognition of non-
formal learning in Europe*, Cedefop, 2000).   73

Preface

Traditional systems of validation and certification of vocational knowledge are now considered to be wanting in terms of their ability to recognise competences gained through professional experience as an integral part of training and qualification.

According to the Commission's White Paper *Teaching and learning: towards the learning society*, the recognition of knowledge gained through experience is one of the key concepts of lifelong learning:

'Harnessing the knowledge acquired by individuals throughout their life must be based on opening up new methods of recognising skills, over and above paper qualifications and initial training'.

National and Community-wide discussions have only recently turned to the issue of validating experience in the training professions.

This question can only be dealt with within the systems of validation and certification in each Member State. In any case, the situation is different for trainers in initial vocational training, whose access to their profession is regulated, and for trainers of continuing vocational training, who gain access to their qualifications outside regulatory frameworks.

The work done on this issue demonstrates that Member States are looking for processes that would allow them to validate experience as an element of qualification for trainers — hence the transnational relevance of this theme.

Since the beginning of 2000, the TTnet (training of trainers network), aware of the importance to teachers and trainers of recognising their professional experience, has organised a series of activities on various aspects of the issue. The thematic workshop 'Validation of experience and professionalisation of trainers', organised during the Portuguese Presidency of the EU, brought together experts and practitioners from various Member States to discuss under what conditions the validation of knowledge gained through experience can be considered a professionalising factor for teachers and trainers, in the sense of creating a better link both between experience and training and between vocational training and qualifications.

Dossier No 5 presents the results of this workshop, bringing together a series of contributions that aim to situate the problem under various aspects. It examines both the Community-level approach and the relevant contributions of the Member States.

The results of these discussions will be considered a starting point for the more detailed work to be carried out by the TTnet in 2002–03.

Mara Brugia
Project Coordinator

Stavros Stavrou
Deputy Director

I. Introduction

Anne DE BLIGNIÈRES-LÉGERAUD
Paris-Dauphine University

Summary

1. Introduction
   1.1. Topicality of the theme
   1.2. Distinctive features of the theme for teachers and trainers
2. The issue of specific national features
3. Key points of a European issue

Introduction

This fifth TTnet dossier brings together the papers presented at the workshop held in Lisbon in May 2000 on the validation of competences and professionalisation of teachers and trainers. Two of the papers are devoted to European-level approaches to the issues raised by the theme and the remaining five describe national contributions in this field.

1.1. Topicality of the theme

The issue of the validation of competences in training occupations is part of a much wider debate about the validation of experience itself in the field of vocational training.

Thus, validation systems have long been defined as endorsements of training pathways evidenced by a diploma or certificate. A number of factors today play a part in calling into question this way of looking at things and so promote the inclusion of other parameters derived from 'non-formal' learning.

Thus the concept of 'lifelong learning' calls for stronger links between various forms of learning at different stages of individual career paths, allowing knowledge and know-how acquired in the field to be validated as an integral part of training.

Moreover, the large proportion of the workforce without qualifications found in many countries in the European Community increases the social importance of recognising competences derived from experience as a factor in an individual's 'employability' and professional mobility.

Finally, the commonly accepted recognition of the 'learning' character of work and experience, in a context of sweeping technological and organisational change, means that tools must be found for measuring the knowledge and skills derived from practice.

1.2. Distinctive features of the theme for teachers and trainers

The problem of the validation of competences in the sector which interests us differs depending on whether it is teachers of vocational training we are discussing, or trainers of vocational training.

Access to the teachers' qualification is generally regulated by and subject to the control of a ministerial authority. Recognition of the trainers' qualification, on the other hand, is not subject to any social, economic or political authority: 'Continuing training refers to a fragmented world of separate players in which a number of authorities coexist, having been set up through the years in response to economic and social changes' (Anne-Marie Charraud).

Moreover, many experts agree that the qualification of teachers of vocational training cannot be defined in purely regulatory terms but should include new benchmarks for identifying and assessing competences, in line with the developing links between training systems and work organisations.

It is a different matter for trainers of continuing training, for whom the demand for validation of competences appears to be related to 'the search for recognition that the activity they engage in is autonomous and sufficiently specific to be a sign of a profession' (Anne-Marie Charraud).

The issue of specific national features

The countries of the European Community have a far from uniform attitude towards the general question of the validation of competences. Jens Bjørnåvold sees five different attitudes:

(a) the dual system approach (Germany and Austria), which has achieved close consultation between the economic sector and the training sector, does not currently make the validation of competences a priority in continuing vocational training;

(b) the Mediterranean approach (Greece, Italy, Spain and Portugal), with an underlying strong demand for receptiveness to methodologies and systems of non-formal learning as a condition for the promotion of quality, raises the question of the real impact of the legislative and political initiatives already taken to this end;

(c) the Nordic approach (Finland, Norway, Sweden and Denmark) focuses on a general lifelong learning and training strategy of which non-formal learning is already an integral part;

(d) the NVQ approach (United Kingdom, Ireland and the Netherlands) where output-oriented and performance-based models predominate, accords equal treatment to formal and non-formal learning as factors in the acquisition of competences;

(e) the 'open' approach (France and Belgium), characterised by the integration of competences acquired outside formal establishments into the national educational and training system, incorporates both greater flexibility in the manner of obtaining diplomas and qualifications and the creation of new sectoral qualifications without State intervention.

Key points of a European issue

The status and training courses of teachers and trainers of vocational training are exclusively a matter for the States and national organisations; Europe's role is more to support the best existing methodological and institutional experiences and to promote their dissemination across borders rather than to create common standards and references.

There is, however, a need for supplementary common work on two essential questions:

(a) the definition of points of reference and objective assessment criteria that can function as a 'signal' of the real qualification, taking into account the particular methods of constructing the professional identity of teachers and trainers, as well as the contextual nature of learning and the tacit character of the competences acquired;

(b) recognition of the qualification of the teacher and trainer, which 'positions' the service provided, in accordance with objectives that are clearly defined at Community level and which can be assimilated directly into the various national systems.

II. Validation of prior learning in training occupations in Europe

Jens BJØRNÅVOLD (¹)
Cedefop

(¹) This contribution is taken from the publication *Making learning visible*, Cedefop 2000.

Synthesis

This contribution treats the question of how to make learning, which takes place outside formal education and training institutions, more **visible**. While learning in the formal education and training system is a distinct feature of modern societies, non-formal learning is far more difficult to detect and appreciate (²). This invisibility is increasingly perceived as a problem affecting competence development at all levels from the individual to the society as a whole.

During the past few years, most Member States of the EU have emphasised the crucial role of learning that takes place outside of, and in addition to, formal education and training. This emphasis has led to an increasing number of political and practical initiatives, gradually shifting the issue from the stage of pure experimentation to that of early implementation. Identification, assessment and recognition of non-formal learning have to be based on simple and inexpensive methodologies and a clear notion of how

(²) The term non-formal learning encompasses informal learning which can be described as unplanned learning in work situations and elsewhere, but also includes planned and explicit approaches to learning introduced in work organisations and elsewhere, not recognised within the formal education and training system.

institutional and political responsibilities are to be shared. But first and foremost, these methodologies have to be able to deliver what they promise, with the quality of 'measurement' being a crucial aspect. This report makes an effort to clarify, through an initial theoretical discussion, the requirements for reaching successful practical solutions.

1.1. The character of learning

When approaching the questions of how to identify and assess non-formal learning, it is crucial to keep in mind that learning is contextual in its character. When taking place in social and material settings, knowledge and competences are very much the result of participation in 'communities of practice'. Learning cannot be reduced to passive reception of 'pieces' of knowledge. This perspective implies a focus not only on the relational side (the role of the individual within a social group) but also on the negotiable, concerned and engaging nature of learning (the communicative character of learning). The individual learner acquires the skill to perform by actually engaging in an ongoing process of learning. Learning is thus not only reproduction, but also reformulation and renewal of knowledge and competences.

The results of learning processes, what we call competences, are partly tacit in their character. This means that it is difficult to verbalise and delimit the single steps or rules intrinsic to a certain competence. In some cases, people are not even aware of being in possession of a competence. This is highly relevant to the task of assessing non-formal learning and has to be reflected by the methodologies. Much of the know-how which we possess was acquired through practice and painful experience. An experienced carpenter knows how to use a tool in ways that escape verbalisation. Normally, we take this know-how so much for granted that we do not appreciate the extent to which it pervades our activities.

1.2. Methodological requirements

The important issue is whether it is possible to develop methodologies able to capture the (contextually specific and partly tacit) competences in question. While specialised methodologies for assessment of non-formal learning still have a long way to go, testing and assessment within formal education and training can refer back to a long history of practice, research and theory. The ongoing expansion of assessment into work and leisure time is inevitably linked to this tradition. It may be assumed that new approaches rely heavily on the methodologies developed within the more structured learning areas presented by formal schooling. At least it may be assumed that some of the same challenges and problems are shared between the two learning domains.

Assessment in formal education and training can be said to serve two main purposes. The **formative purpose** is to aid the learning process. No system can function properly without frequent information on the actual working of the process. This is important in classrooms as well as in enterprises: the more variable and unpredictable the context, the more important the feedback. Ideally, assessment should provide short-term feedback so that learning deficits can be identified and tackled immediately.

The **summative purpose** is to provide proof of an accomplished learning sequence. Although these proofs may take many forms (certificates, diplomas, reviews, etc.), the purpose is to facilitate transfer between different levels and contexts (from one class to another, from one school to another, from school to work). This role can also be formulated as one of selection and a way of guarding the entrance to levels, functions and profession.

The confidence attributed to a specific assessment approach is generally linked to the criteria of **reliability** and **validity**. The reliability of an assessment depends on whether results can be reproduced in a new test occasion and by new assessors conducting the test. Validity can, in many respects, be looked upon as a more complex concept and concern than reliability. A starting point might be to consider whether an assessment measures what it was originally intended to measure by those preparing it. Authenticity is a primary concern; high reliability is of little value if the result of the assessment presents a distorted picture of the domain and candidate in question.

Reliability and validity are meaningless concepts, however, if not linked to **reference points, criteria for judgment and/or standards of achievement**, etc. We can identify two main principles used when setting these reference points and/or criteria. In formal education and training, norm referencing (according to the setting of a group) is commonly used. The second way of establishing a reference point is to relate a given performance to a given criterion. Criterion-referenced testing implies identifying a domain of knowledge and skills, then trying to develop general criteria on the basis of the performance observed within this specific domain.

The lessons from testing in the formal system can be used to raise a number of questions and topics relevant to the domain of non-formal learning:

(a) which functions, formative or summative, are to be fulfilled by the new methodologies (and institutional systems) for identification, assessment and recognition of non-formal learning?

(b) the diversity of learning processes and learning contexts raises the question of whether the same kind of reliability can be achieved in this area as in formal education and training;

(c) the contextual and (partly) tacit character of learning complicates the quest for validity and the question is whether methodologies are properly designed and constructed in order to deal with this issue;

(d) the matter of reference points ('standards') is a key issue which needs to be addressed. The question is whether domain boundaries (including 'size' and content of competences) are defined in a proper way.

It is an open question whether assessments of non-formal learning imply the introduction of new tools and instruments or whether we speak of old approaches to new challenges. There is reason to believe that to a certain degree we at least face a transfer of traditional testing and assessment methodologies into this new domain.

1.3. Political and institutional requirements

The future role of systems for the assessment and recognition of non-formal learning cannot be limited to a question of methodological quality. While being important, reliable and valid, methodologies are not sufficient to make individuals, enterprises and/or educational institutions trust and accept assessments. This is particularly the case if assessments are given a summative role, providing a competence proof to individuals competing for positions in the labour market and in educational institutions.

A number of political and institutional preconditions have to be met to attribute some actual value to the assessments in question. This can be done partly through political decisions securing the legal basis for initiatives but should be supplemented by a process where questions of 'ownership' and 'control' as well as 'usefulness' must be clarified. In this way, assessments of non-formal learning would be judged according to technical and instrumental criteria (reliability and validity), as well as normative criteria (legality and legitimacy). Furthermore, acceptance of assessments of non-formal learning is not only a matter of their legal status but also of their legitimacy.

National and European experiences

The European situation is presented through examples of five country clusters and activities at EU level. Although countries within each cluster may differ somewhat in their methodological and institutional approaches and choices, geographical nearness as well as institutional closeness seem to motivate mutual learning and to a certain degree common solutions.

2.1. Germany and Austria: the dual system approach

The German and Austrian approaches to the question of identification, assessment and recognition of non-formal learning are very similar. It is interesting to note that the two countries where work-based learning has been most systematically integrated into education and training (through the dual system) have so far been very reluctant to embrace this new trend. On the one hand, this reflects success; the dual system is generally viewed as successful both in terms of pedagogy (the combination of formal and experiential learning) and capacity (high proportions of the age groups covered). On the other hand, and reflecting the strong emphasis

on initial training, the existing system seems only partly able to extend its functions to continuing vocational training and to the more diverse training requirements of adults. But, in spite of this, we can observe a substantial amount of project-based experimentation and the attention towards these questions is increasing. The discussion on recognition of non-formal learning in Germany and Austria is closely linked to the discussion on modularisation of education and training.

2.2. Greece, Italy, Spain and Portugal: the Mediterranean approach

The general attitude to the introduction of methodologies and systems for non-formal learning in Greece, Italy, Spain and Portugal is positive. Both in the public and private realms, the usefulness of such practices is clearly expressed. The huge reservoir of non-formal learning which creates the basis for important parts of the economies in these countries needs to be made visible. It is not only a question of making it easier to utilise existing competences, but also a question of how to improve the quality of these. Methodologies for the assessment and recognition of non-formal learning can be viewed as tools for quality improvement, encompassing not only single workers and enterprises but whole sections of the economy. These countries also illustrate that the step from intention to implementation is a long one. Legal and political moves have been made through educational reforms of varying scope but the actual introduction of assessment and recognition practices has not progressed very far. The coming years will show whether the positive intentions almost unanimously expressed in the four countries will be translated into practices which actually affect and serve individuals and enterprises.

2.3. Finland, Norway, Sweden and Denmark: the Nordic approach

It is not possible to speak of a 'Nordic model' at least not in any strict sense. Finland, Norway, Denmark and Sweden have chosen different approaches and are working according to somewhat different schedules. These differences do not change the fact that all four countries have taken practical steps through legislation and institutional initiatives towards strengthening the link between formal education and training and learning taking place outside schools. Despite the fact that some elements of this strategy have existed for some time, the

most important initiatives have taken place in recent years, mostly since 1994–95. The mutual learning between these countries is strong and has become even stronger over the past two to three years. The influence of Finnish and Norwegian approaches on recent Swedish documents illustrates this effect. Finland and Norway are clearly opening up for the institutional integration of non-formal learning as part of a general lifelong learning strategy. The plans presented in Sweden and Denmark indicate that these two countries are moving in the same direction and that the issue of non-formal learning will become more focused in the coming years.

2.4. UK, Ireland and the Netherlands: the NVQ approach

In the UK, Ireland and the Netherlands, we can observe strong acceptance of an output-oriented, performance-based model of education and training. General acceptance of learning outside formal education and training institutions as a valid and important pathway to competences is a basic feature in these countries. What is questioned, however, is how such a system should be realised. The UK and Dutch experiences illustrate some of the institutional, methodological and practical problems associated with establishing a system able to integrate non-formal learning within its framework. The challenge of developing an acceptable qualification standard seems to represent the first and perhaps most serious obstacle. As long as assessments are supposed to be criterion-referenced, the quality of the standard is crucial. The UK experiences identify some of these difficulties balancing between too general and too specific descriptions and definitions of competences. The second important challenge illustrated in the UK and Dutch cases, but not reflected in our material on the Irish experience, is related to the classical assessment challenges of reliability and validity. In our material, the problems have been clearly demonstrated but the answers, if they exist, are not so clearly defined. All three countries base their vocational education and training on modularised systems, a factor which seems to support the rapid and large-scale introduction of methodologies and institutions in the field.

2.5. France and Belgium: 'opening up' diplomas and certificates

In several respects, France can be characterised as one of the most advanced European countries in the area of identification, assessment and recognition of non-formal learning. Belgium has been less active, but a number of initiatives have been taken during recent years, partly influenced by the French experiences. The first French initiatives were taken as early as 1985 when the system of the *bilan de compétence* was introduced. The aim of the *bilan* is to support the employer/employee in identifying and assessing professional competences; both to support career development and enterprise-internal utilisation of competences. The second important French initiative was the 'opening up' of the national vocational education and training system for competences acquired outside formal institutions. Since 1992, vocational certificates *(Certificat d'aptitude professionnelle)* can be achieved (to various degrees) on the basis of assessments of non-formal and prior learning. A third important initiative was taken by the French chambers of commerce and industry where the aim was to set up procedures and standards for assessment independent of the formal education and training system. Using the European norm EN 45013 on procedures for certifying personnel as a point of departure, important experiences have been gained. Parallel activities based on EN 45013 are going on in Belgium.

2.6. EU approaches

Initiatives at European level have clearly been important in pushing the issue forward in the minds of the public and politicians. The White Paper on teaching and learning (1995) helped to define the issue in a clear way and thus supported the processes at national and sector levels. The resulting programmes (mainly Leonardo da Vinci and ADAPT) have initiated and financed unparalleled experimental activity. While not interfering directly in efforts to develop national systems, the EU has clearly increased interest in the issue and also contributed in a practical sense by supporting methodological and institutional experimentation. This does not mean that the particular strategy of the White Paper, focusing on European standards and a European personal skills card (PSC), has been implemented.

One important reason for this is the mixing of objectives in the original conception of the task. On the one hand, the PSC was presented as a summative approach; introducing new and more flexible proof of qualifications and competences. On the other hand, the need for new assessment methodologies was promoted on the basis of the need to identify and utilise a broader basis of competences; what we may term a formative objective basically addressing the support of learning processes.

Looking into the Leonardo da Vinci experiment, the first objective has only been elaborated and followed up to a limited degree. Where a summative element can be detected, it is normally with a clear reference to existing national qualification systems or linked to a limited sector or profession. The formative aspect, however, has turned out to be a main concern. Not in the form of extensive supranational systems, but in the form of practical tools for single employers and/or employees. Opening up for initiatives from a wide variety of actors, questions and methodologies have been initiated at a 'low' institutional level where formative issues and concerns have dominated. Or, to put it another way, the activity of the projects illustrates the priorities of enterprises and sectors, not the priorities of national ministries.

Why focus on non-formal learning?

What has triggered this wave of activity affecting most European countries almost simultaneously? Answering this requires focusing on political and institutional objectives, developments and challenges. Below, we will emphasise three aspects.

3.1. Re-engineering education and training

To establish a system for learning throughout life requires a stronger focus on the link between different forms of learning in different learning domains at different stages of life. While the formal system is still very much focused on initial education and training, a lifelong learning system has to face the challenge of linking a variety of formal and non-formal learning areas together. This is necessary to meet the individual's need for continuous and varied renewal of knowledge and the enterprise's need for a broad array of knowledge and competences — a sort of knowledge reservoir to face the unexpected. The question of identification, assessment and recognition of competences is also crucial. Competences have to be made visible if they are to be fully integrated into such a broader strategy for knowledge reproduction and renewal.

3.2. Key qualifications

Although normally treated as two separate issues, the question of how to define, identify and develop key qualifications and the challenge of how to assess non-formal learning are closely related. We will argue that these two debates reflect different aspects of the same issue. In both cases we can observe increasing attention towards learning and knowledge requirements in a society characterised by unprecedented organisational and technological change. Methodologies and systems for identification, assessment and recognition of non-formal learning can be looked upon as practical tools for making key qualifications visible and stronger. The terms informal and non-formal learning are, however, not very helpful in this respect. Non-formal learning is a 'negative' concept in the sense that it is a negation of something else. It gives little positive indication of content, profile or quality. The concept is important, however, by drawing attention to the rich variety of learning areas and forms available outside formal education and training. A closer link to the key qualification issue might thus be useful and give the exercise more direction. The linking of formal and non-formal learning domains can be viewed as a way of realising and materialising the objectives expressed through key qualifications.

How should we identify, assess and recognise non-formal learning?

3.3. Solutions seeking problems: a supply-driven development?

Only in a few cases can the development of measurement and assessment methodologies be described as driven by demand or by a push from the bottom up. If we study the last half of the 1990s when this trend gained momentum and strength, the existence of programmes like ADAPT and Leonardo da Vinci at European and sector levels has contributed to the setting and changing of 'the assessment agenda'. The availability of 'fresh money,' linked to a limited set of specific priorities, inspired a high number of institutions to involve themselves in the development of instruments and tools. Although the results of these projects may be of varying quality, the long-term impact on the agenda of the organisations and institutions involved should not be underestimated. The coming period will show whether this supply-driven movement will find users, for example at sector and enterprise levels, appreciating the effort put in.

Answering the question of why interest in non-formal learning has increased does not provide an answer to the question of how to support and strengthen the positive elements of these developments. Following the theoretical clarifications made in the first part of the report, the challenges ahead can be defined as both a methodological (how to measure) and a political/institutional one (how to secure acceptance and legitimacy).

4.1. Methodological requirements

Which functions are to be fulfilled by new methodologies (and institutional systems) for identification, assessment and recognition of non-formal learning? Do we speak of a formative role where the instruments and tools are used to guide the learning processes of individuals and enterprises or do we speak of a more limited summative role where non-formal learning is tested for possible inclusion into the setting of formal education and training? **The purpose of the assessments, in the non-formal as well as in the formal domain, is decisive for the**

methodological choices to be made and for the ultimate success of the exercise. Successful development of methodologies and systems implies that these functions are clearly understood and combined and/or separated in a constructive and realistic way.

The diversity of learning processes and contexts makes it difficult to achieve the same kind of reliability as in standardised (for example, multiple choice) tests. The question is how (and which specific kind of) reliability should be sought in this new domain. Reliability should be sought by seeking optimal transparency of the assessment process (standards, procedures, etc.). **Reliability could also be supported through implementation of systematic and transparent quality assurance practices at all levels and in all functions.**

The highly contextual and (partly) tacit character of non-formal learning complicates the quest for validity. There is an acute danger of measuring something other than what is intended. The main thing is to avoid a distorted picture of the candidate and the domain and to strive for authenticity. **Methodologies have to reflect the complexity of the task at hand; methodologies must be able to capture what is individually and contextually specific.**

The question of reference points ('standards') is a major issue for assessment of formal as well as non-formal learning. While norm-referencing (using the performance of a group/population) has not been seriously discussed in the context of assessing non-formal learning (due to the diversity of competences involved), the issue of criterion or domain-referencing lies at the heart of the matter. **The definition of boundaries of competence-domains (their size and content) and the ways in which competences can be expressed within this domain are of critical importance.**

The wider the area, the greater the challenge in designing authentic assessment approaches. This reverts, in many ways, to the question of functions to be fulfilled; do we want to improve learning processes or do we want to produce proof (papers of value)? Both purposes are highly legitimate and useful. The setting up of reference points will, however, differ considerably according to the purposes selected.

4.2. Political and institutional requirements

As soon as the first methodological requirement has been met, by answering the questions of methodological purpose and function (see above), institutional and political implementation could be supported along two main strategies; one focusing on **institutional design** and the other on **mutual learning**.

Institutional design: some basic criteria must be fulfilled if proof of non-formal learning is to be accepted along with proof of formal education and training. First of all, participants must be heard when setting up and operating systems of this kind. Since systems for recognition of non-formal learning will have a direct effect upon the setting of wages as well as on the distribution of jobs and positions in the labour market, this matter clearly incorporates the balancing of interests. Although not emphasised very much until now, the question of who to involve and who to listen to will be of decisive importance in the coming period. Secondly, relevant information must be fed into the process. On the question of representation, the definition and articulation of standards and reference points (in particular) require sufficient and balanced information. Thirdly, the transparency of the structures and procedures is very important. It is possible to establish structures where the division of roles (setting of standards, assessment, appeal, quality control) is clearly defined and presented. Transparency of procedures is 'a must' if acceptance and legitimacy are to be achieved. The attention of both researchers and policy-makers must be drawn to all these issues in the near future.

Mutual learning should be sought and supported between projects, institutions and countries. A substantial amount of learning is already taking place at various levels. As concluded in other parts of this report, and especially in relation to activity at European level, the potential for mutual learning is much greater than the actual and factual achievements thus far. Establishing such learning mechanisms must reflect the various purposes and functions to be fulfilled. Finally, it is very necessary to increase coordination and to support activities (at European and national levels) in order to capitalise on the experiences gained through numerous existing projects, programmes and institutional reforms.

III. Validation of prior learning in training occupations

Anne-Marie CHARRAUD
Ministry of Employment and Solidarity

Introduction

The subject of validation of prior learning in training occupations is one that crops up regularly in current discussions on vocational training at European level. It is also likely to arise more frequently with the development of lifelong learning, which inevitably will generate demand for a greater clarity as to what those who have undergone training have actually learnt. This in turn brings back into question the indicators used to provide such clarity for a qualification or occupation just as much as it does the way in which training is financed and its quality, hence who actually provides it. At present individuals' knowledge or skills are attested and accredited by means of a social indicator issued by an official body, such as a certificate or other professional or occupational qualification. These indicators constitute evidence of professional competence or possession of a cluster of skills required for a given, nationally recognised qualification.

This principle applies for a large number of occupations and there is no reason why the same should not apply to a teacher or trainer as to those in professions or occupations in other sectors of the economy. One finds, however, that being a teacher is frequently looked upon as a state rather than a profession and that the financial aspect is given greater importance in the case of work done in the continuing training field than the professional status of those who do it.

A quick glance at the practice in different countries reveals that so far the only systematic regulations that exist or are in the process of being drafted relate to instructors involved in initial training under the control of a ministry of education and leading to a formal certificate of qualification. Regulations governing trainers involved in continuing training, on the other hand, hardly exist or where they do are not recognised by employers' organisations. The call by training professionals for their knowledge and skills to be given recognition would therefore seem to be associated with a demand for the work they do to be regarded as independent and sufficiently specific to count as a professional activity.

The present paper discusses the subject of validation of prior learning in relation to this problem and with reference to three main points:

(a) recognition of trainers' qualifications and the job they perform;

(b) the award of certificates testifying to such qualifications;

(c) the ways and means whereby trainers' experience can be taken into account, since what their job involves cannot simply be learned in a classroom but calls for know-how built up in the course of a trainer's life.

The term 'validation' has intentionally not been used here because, as the Cedefop glossary ([3]) shows, we have not yet achieved a common approach to the concept at European level. Moreover, the same difficulty can be observed within a single country. We shall discuss the three points listed above with reference to France so as to make clearer the issues involved, illustrating them also with a few examples from other countries using information contributed in preparation for the workshop and in a dossier on training of teachers and trainers in Europe ([4]).

---

[3] See Annex: *Glossary on identification, assessment and recognition of qualifications and competences and transparency and transferability of qualifications.*

[4] *Actualité de la formation permanente*, Centre INFFO, Paris, No 160, May/June 1999.

Recognition of qualifications

This raises the question of who is to do the recognising, why and how. So far as initial training instructors are concerned the reply is clear for France and for a number of other countries, and in recent years has begun to take shape in the case of trainers involved in adult and continuing training.

2.1, Initial training: generally more regulated

If we go back to the Middle Ages in France the authority responsible for recognising and defining the qualifications of teachers, for example, was the Church. To become a schoolmaster one had to show evidence of a moral way of life and observance of the Church's rules governing attendance of religious services. Only the children of the upper social classes were able to benefit from a school education, which was almost completely dominated by religious teaching. A great deal has changed since then and the requirements for teachers and all those working under contract in State or private educational establishments at primary, secondary or university level are very strictly regulated. The system is very complex and is based on success in a competitive examination designed to ensure that candidates actually master the material they are to teach, not that they possess actual teaching skills, which are imparted in separate, work-based training provided subsequently by the university teacher training institutes (IUFM). Upon completion of this training, teachers are awarded, according to their level and field of activity, a diploma, certificate of aptitude or other professional qualification permitting them to teach and become established in a given post in a *lycée* providing general or specialist vocational education. A quick look at the practice in neighbouring countries reveals the gradual emergence of similar regulations for initial training instructors. These are generally linked to training laid down by the ministry of education of the country concerned, based on a previously defined programme and provided in clearly identified specialised training centres. The training received is confirmed after assessment by the award of a certificate testifying to the teacher's qualification, often referred to as a diploma. These systems have only become firmly established and operational in recent years and their development is often linked to a reform of the entire vocational training system. Thus in Finland admission to the teaching profession, which comes under the Ministry of Education, was formalised in 1996.

It requires possession of a diploma that can be obtained by following a training course run by one of five teacher training centres (AOKK) and awarded by them. Since 1998, new regulations have applied to the teacher training programme in the Flemish-speaking part of Belgium, which leads to a specific qualification awarded by the Belgian Department of Education that is based on cumulative modular credits.

In 1996 the Dutch Ministry of Education issued a standard to apply for certification of teaching qualifications. Only those teachers meeting the standard's requirements can be listed in a national register of qualified teachers. This measure went hand in hand with innovations in the content of programmes and means of training for trainers launched by the teacher training institutes (individualisation and modularisation, open training, etc.). In the Netherlands the requirements proposed for initial training instructors would seem to be having repercussions for trainers involved in continuing training.

Portugal introduced a certificate of aptitude for trainers in 1997 that is regarded by both the social partners and the government as fundamental for training development. This was done as part of the national system for certification applying to all types of occupation under the law of 1992. Certificates issued by training bodies go hand in hand with certificates of aptitude issued by a body made up of representatives of the social partners and various ministries, whose work is coordinated by the Ministry of Labour and Solidarity through its Institute of Employment and Vocational Training (IEFP). The certificate of aptitude for trainers was the first qualification created under the system. It can be obtained in several ways, one being an IEFP-approved teacher-training course and another three years' experience as a trainer.

2.2. Continuing training: no national regulations apply

As yet there are no regulations specifically concerned with continuing training apart from those laid down by the training bodies themselves, each on the basis of their own standards.

This lack of a generalised regulation is explainable in France by the fact that no social, economic or political authority can claim to be representative or competent in this sphere. This is partly due to the absence of any collective agreement concerning recruitment of trainers and admission to the training profession except in the case of initial training. The world of continuing training is one involving a large number of protagonists — regions, unions, sectors of industry, groups of trainers, etc. — each representing only a small part and with little contact between them — a fact that continues to impede any form of mutual recognition or generally representative structure. It is thus an environment occupied by a number of authorities that have evolved over time through a variety of economic and social processes. This plurality, moreover, has resulted in widely differing forms of recognising knowledge and skills based on the different criteria applied.

Apparently the situation is not much different in a number of other countries that have not established any particular system of certification of knowledge and skills for trainers involved in continuing training, unless no definite distinction is made between initial and continuing training instructors. This is so, for example, in the United Kingdom which, with the one exception of university degrees, does not clearly define the legal responsibility for issuing certificates for initial training and vocational training as a whole ([5]). However, the recent creation of a national system of NVQ/GNVQ qualifications has had the effect of putting considerable pressure on teachers and trainers to acquire the basic qualification awarded by the two national training organisations concerned with the training of trainers.

Qualification indicators

Generally speaking, a qualification indicator takes the form of a benchmark or standard. Some of these indicators have been referred to above. In France the first qualification indicator for a person wishing to become a teacher is knowledge of the subject matter to be taught and success in a competitive examination. Numerous benchmarks have been devised for continuing training, mainly by the training organisations to which trainers have turned in order to extend their knowledge and skills in the training field ([6]). A contract for studies on the outlook for the vocational training sector and the work of the Centre INFFO have underscored the important role played here by the universities, and more recently by AFPA. For some years now two other groups representing certain sectors of the profession have become involved in setting benchmarks:

(a) private and joint training bodies, through the Vocational Training Federation which is currently in the process of evolving a first set of benchmarks for a qualification, to be confirmed by the sector

---

([5]) Only schoolteachers have to possess a teacher training qualification.

([6]) Generally this is knowledge linked to the environment in which teaching or training is to take place and less often to teaching skills.

concerned through the award of a certificate of occupational qualification (CQP). In this case the benchmarks relate to technical knowledge linked both to face-to-face teaching and to more peripheral activities such as design and monitoring;

(b) a union grouping together trainers and independent trainer/consultants through a system of peer assessment.

Setting qualification benchmarks raises the question of the professional identity involved. What is a trainer? A coach? Or a consultant in the field of continuing training? Generally speaking, the various studies focused on training professionals have shown that people do not become trainers in continuing training because of their knowledge of the subject matter to be taught but that it marks the culmination or a stage in their life.

Indeed, a person's professional identity would seem to be rooted in a coherent personal history rather than in expertise in a particular field. Utilising and enhancing this expertise remains the prime element of the qualification indicators used for training or recruitment by some employers. At the same time it is noticeable that such benchmarks are entirely absent from the quality standards proposed for trainers — due no doubt to continuing training's fairly recent development.

A look at the various measures and the proposed qualification indicators in countries other than France shows that more emphasis tends to be placed on the professional teaching aspect. This difference is probably due to the fact that benchmarks have been evolved for these professions. In the Netherlands it is competence that is most emphasised in designing training programmes. In Portugal, Italy, the United Kingdom and Finland it is job content and the tasks to be performed that serve as the basis for benchmarks for trainer or teacher qualifications and the conditions for the award of a certificate.

This would explain why more account is taken of professional experience in assessing qualifications and awarding certificates to teachers and trainers than is the case in France.

Taking account of experience

Whether or not experience should be taken into account is currently the subject of heated debate in France, usually in conjunction with the ways and means of validating occupational skills put in place following the passing of a law in 1992. This allowed for the possibility of an alternative to examinations that would enable people to acquire a certificate of qualification without first attending a course of training. The law permits this for all but one of the tests/examinations necessary to obtain a certificate, which must be taken in the usual way in competition with other candidates where possible, or failing this after supplementary training. The principle of allowing for experience is under discussion because although it is obviously fundamental to a philosophy of lifelong learning, the idea is encountering considerable resistance because it questions accepted practice in awarding qualifications.

Questioning the wisdom of accepted practice applies to the methods of assessment as much as to the nature of the elements to be assessed and these, as soon as it is no longer a matter of testing theoretical, disciplinary knowledge, become extremely complex. Using an individual's curriculum vitae to determine his ranking in terms of benchmark standards for award of a certificate of qualification is almost impossible without revising their formulation. This, incidentally, is what happened in France and a new method of formulating benchmarks is gradually being introduced by the various national institutions concerned.

Returning to the question of trainers in France: while individual experience would seem to be an intrinsic element of qualification, it is rarely included as an element of benchmarks, no doubt because until now the profession of trainer has been perceived as a state rather than a function or an entirely distinct profession. Job-specific benchmarks are rare in the case of teachers or trainers. The activities of initial training instructors are regulated; those of continuing training instructors are not. Moreover, objective evaluation of experience is a matter still requiring a great deal of scrutiny. At all events, if no allowance is made for experience in qualification benchmarks, it remains a condition sine qua non for being able to work as a trainer recognised as competent by one's peers. Prior experience is one of the indicators taken into account by the trainers' and independent trainer/consultants' union when awarding a certificate. Specific methods of assessing experience have been laid down for the award of a certificate of occupational qualification in a given sector.

Theoretically it is also provided for in the case of certificates or other qualifications awarded after a period of training. In the majority of cases this will enable a person to be exempted from part of the training and very rarely from part of the certificate. In countries other than France it would seem that the training leading to a teacher or trainer qualification for initial training is almost always work-based — the Netherlands is an example. Elsewhere, for example in Portugal, a qualification can often be obtained by giving as much weight to experience as to formal training. And experience is even sometimes an actual requirement in order to qualify as a trainer; this is the case in Finland.

However, even if it seems obvious that professional experience should constitute one of the prime elements of a teacher or trainer qualification, it cannot be sufficient on its own. The discussions currently under way in the United Kingdom concerning the place and role of experience in certification procedure are a good illustration of this. Since the advent of NVQs for trainers, a large number of instructors without teacher training have been seeking initial training as part of their preparation for an NVQ and complementing this with a course in a university education science department. Training for trainers as conceived by the British NTO

emphasises training in a work situation. This is the frame of reference that government directives have adopted for teachers for the time being, thereby giving preference to a qualification based on on-the-job training and linked to notions of competence and performance. Teachers' organisations and teachers themselves are critical of this emphasis on the government's part and question the benchmarks used, judging them inadequate in terms of theoretical knowledge. Internal on-the-job training and part-time training do indeed pose a threat to the contribution of the universities and risk giving the trainer qualification too restrictive a dimension.

Conclusion: towards a European view

This rapid survey of the validation of trainers' knowledge and skills makes a number of things clear:

(a) the systems for recognising trainers' qualifications are essentially concerned with providing teachers with access to work in initial training;

(b) these systems are still evolving and apparently hinge on ideas for the reform of initial training in general and vocational training in particular;

(c) the systems for recognising the qualifications of trainers involved in continuing training are vaguer and less consistent. There would seem to be several approaches aiming either at a specific qualification or, conversely, at a qualification shared by those involved in initial training. These differences are deserving of more thorough scrutiny to determine the way in which benchmarks are defined as well as the factors seen as constituting a teacher's or trainer's professional competence. It would, for example, be interesting to link this with the efforts being made in countries such as Belgium to enhance actual training quality. When lifelong learning is seen as one of the pillars of social development in Europe, the paucity of benchmarks evolved for those actually providing the training is somewhat paradoxical;

(d) taking account of work experience is regular practice in most countries. However, the nature of this experience should be examined in more detail. In some countries it is an integral part of the training route, in others an accompaniment and in yet others has the same value as training itself;

(e) systems for validating knowledge and skills acquired in the course of work experience are practically non-existent. There are no plans to progress in this direction except in the case of those countries where efforts are being made to create a national certification system. And trainers are not necessarily high on the list of priorities.

Even at this early stage a number of points might be worth discussing, namely:

(a) mutual recognition of training. How is it defined in the various countries apart from in terms of source of finance?

(b) the existence of benchmarks for trainers' qualifications, employment market indicators, what underlying activities they presuppose and the resulting competences;

(c) the need for a greater interchange of ideas on the content and objectives of such training as currently exists and the methodologies used for assessing experience.

A real debate needs to get under way within TTnet, providing an opportunity for asking questions and exchanging opinions on the hallmarks of occupations and qualification benchmarks going well beyond a mere comparison of content and the nature of training for trainers. Recognition of a trainer's qualification, while certainly linked to the quality of the training he provides, also needs to be looked at in terms of the prospects and social objectives at European level.

A trainer cannot be recognised as a qualified professional unless his performance, and hence the continuing training he provides, is itself recognised as a service vital to European social and economic development.

National contributions

Validation of prior learning in training occupations in France

Françoise GÉRARD

Centre INFFO — Centre pour le développement de l'information sur la formation permanente (Centre for Development of Information on Continuing Training)

Designing and implementing the national accreditation system of trainers' training in Greece

Stamatina DIAMANTI

Ekepis — National Accreditation Centre for Continuing Vocational Training Structures

Validation of competences and the professionalisation of trainers in Austria

Alfred FREUNDLINGER

IBW — Institut für Bildungsforschung der Wirtschaft (Institute for research on qualification and training of the Austrian economy)

Accreditation of vocational teachers' competences in Norway

Ellen BJERKNES
Akershus College

Vocational training markets and validation of trainer qualifications in Portugal

Horacio COVITA

Inofor — Instituto para a Inovaçao na Formaçao (Institute for training innovation)

Validation of prior learning in training occupations in France

Françoise GÉRARD

Centre INFFO — *Centre pour le développement de l'information sur la formation permanente* (Centre for Development of Information on Continuing Training)

Introduction

This contribution sets out in brief the problems associated with validation of prior learning from the French point of view and proposes a number of points worth pursuing in discussions at European level.

To begin, a definition of the terminology used:

The term 'certification' is used to mean the award of a formal certificate or other qualification by a statutory authority, training body or competent person with reference to publicly known and officially recognised standards.

'Validation of prior learning' is used to mean the procedure involved in institutional recognition of prior learning and the official document issued in confirmation of such recognition.

Validation of prior learning: a nation-wide debate of far-reaching importance

2.1. A system traditionally based on officially approved certificates and qualifications

In France, discussions about the validation of prior learning in training occupations are being conducted in the context of a far wider debate on validation of prior learning in general. For a long time, this was simply regarded as the culmination of a period of training formally expressed in the issuing of national certificates by the Ministry of Education or another ministry or the award of a recognised qualification by a committee representing several ministries, subject to the individual having passed a final examination. However, since the late 1970s, several factors have contributed to this system being rendered more flexible:

(a) the high proportion (30 %) of the active population with no recognised qualification;

(b) the social value of recognising learning acquired through work experience and enhancing a person's employability;

(c) the need to define qualifications better adapted to

coping with changes in job content, specific requirements and growing labour mobility;

(d) discussions and experience in other countries of Europe and Canada showing that knowledge and skills can be acquired otherwise than through a training course, and notably through work and experience.

2.2. Making the system more flexible

These considerations have resulted in major changes:

(a) greater flexibility in the manner in which certificates and other qualifications can be obtained. Since the late 1970s, the certificates of qualification for the teaching profession have been broken down into modules for which credits can be accumulated, enabling candidates to spread their efforts to gain the various parts of the diploma over a period of five years;

(b) creation of new qualifications with no State involvement. Since 1986, sectors of industry have been free to create their own 'certificates of occupational qualification' whose classification and content are nationally recognised in accordance with collective agreements. These are based on general occupational and job-specific benchmarks;

(c) the introduction of procedures for the validation of prior learning in order to reduce the length of training leading to a certificate or other qualification or gain exemption from part of the tests or examination:

- the possibility of reducing the length of training by taking account of knowledge and skills acquired in the course of work experience. The law of 1984 (decree of 1985) governing qualifications to teach in institutions of higher education enables persons without the qualification normally required to take part in a competitive examination or post-baccalaureate training through recognition of learning acquired through experience — whether study or personal, social, cultural or occupational circumstances. Candidates are required to compile a standard dossier which is examined by an ad hoc committee of the training body or university whose course they wish to attend;

- exemption from certain components of qualification by validation solely of prior work experience: the law of 1992 (decree of 1993) made it possible for studies or work experience to be recognised and counted towards part of the subject matter normally tested before award of a given qualification. Candidates are required to compile a standard dossier which is examined by an ad hoc committee of the training body or university whose course they wish to attend. However, the legislators have ruled out a complete exemption by this means, requiring that a candidate always take and pass the examination for at least one unit of the qualification desired.

Very recent experiments by the Ministry of Employment seek to make it possible gradually to progress towards a recognised qualification on the basis of certificates relating to occupational and job-specific benchmarks evolved at national level and issued by the ministry in consultation with the social partners.

A few initiatives permit validation of prior learning without the need for formal training:

(a) Drawing on the British system of NVQs, a certificate of in-service competence has been developed by the chamber of commerce and industry network. An employee puts together a 'portfolio of occupational skills' in collaboration with an assessor from an organisation specialising in the field concerned who is specifically trained for the work of certification and charged with demonstrating the candidate's competence at the actual workplace.

(b) While the approach of a 'portfolio of skills' (made up of a detailed curriculum vitae, employers' references, certificates attesting to periods of practical work and the like) is used, it raises problems regarding the status of the body certifying such competences. The method is useful for job or training applications and for facilitating job mobility, but since certification is not by an official body it has value only for employment purposes.

How is prior learning validated and certified in France?

(a) Officially by a national system of recognition:
  • by a recognised certificate or other qualification awarded on completion of a training course;
  • by a 'certificate of occupational qualification' issued by a given sector of industry on completion of a training course.

(b) With no national validity but of value for employment purposes:
  • by a certificate that is not officially approved;
  • by a certificate of training issued by a training body;
  • by a portfolio of skills.

2.3. **The present state of discussions**

The new scope for recognition of work experience created by the provisions for validating learning between work and training is still meeting with considerable criticism:

(a) the laws on validation of prior learning have not been taken to their logical conclusion. The freedom that training bodies, universities and other organisations are allowed in interpreting the provisions when it comes to compiling and assessing validation application dossiers is designed to cast doubt on the procedure's suitability, the credibility of validation and, consequently, the validity of the actual qualifications awarded;

(b) the validation procedure is lengthy, frequently complex and largely a closed book to the public at large. The lack of transparency as to what training is available inhibits the initiative of potential trainees. Then again, only a small minority are in a position to benefit from the possibilities offered;

(c) validation of prior learning is still closely linked to completion of a training course.

While recognition of knowledge and skills may prove useful for those in employment, it raises the question of the value attributable in a wider context to competence thus assessed by the employer.

The Ministry of Employment would like to see the system expanded and intends in March 2000 to table a draft law with the aim of:

(a) extending the scope for validation of occupational knowledge and skills to all certificates and other qualifications awarded on the State's responsibility;

(b) simplifying existing procedures and qualifying conditions.

The situation regarding validation of prior learning in training occupations

3.1. Certificate or qualification: the most frequent procedure

As in other areas of professional activity, the procedure most frequently followed in the case of trainers is still the award of a certificate or other qualification.

To become an established teacher with the status of civil servant, initial training instructors must possess a qualification equivalent at least to baccalaureate plus three years' study and succeed in a competitive selection procedure.

With a few exceptions — sports, health and major public-sector training institutions such as AFPA, the national association for adult vocational training — the specific qualifications required in order to work as a continuing training instructor have not been regulated by law. Nonetheless, the market makes its own demands. Most continuing training instructors have at least a formal qualification in their particular technical field. In 1999 the Centre INFFO found 261 certificates or other qualifications relating to training activities in existence in France, most of them at the level of a first degree (baccalaureate + three years' study).

3.2. Initial survey of other forms of validation of prior learning in training occupations

We looked into other methods of validating trainers' prior learning but found few cases of trainers requesting recognition of learning other than by a certificate or approved qualification.

At university level requests for validation of prior learning tend to be directed more to exemption from training leading to a certificate of qualification (decree of 1985) than to exemption from examination (decree of 1993).

Some recent initiatives have been concerned with structuring the training profession:

(a) in 1999 the union of trainer/consultants (CSFC) created the qualification of 'registered trainer/consultant' which is awarded by a committee of peers following scrutiny of a dossier of evidence. The union is considering setting up a training course leading to this qualification;

(b) at the proposal of the private continuing training bodies, preparations are in hand for a certificate of occupational qualification, and work on occupational and job-specific benchmarks is in progress;

(c) drawing on the British system of NVQs, a certificate of competence for in-company tutors is similarly being developed under the aegis of the chambers of commerce.

Some points for discussion at European level

In a system that is still focused mainly on the formal certificate of qualification, validation of prior learning needs to be carried out taking careful account of the work situation and how competence is assessed. Four important questions need to be asked:

4.1. Which authorities may be considered best fitted to recognise trainers' 'competence' or 'skills'?

At national level:

(a) What role could be played by the institutions concerned with teachers or others involved in training?

(b) What part could be played by representatives of the sector of industry concerned through employers' or union organisations?

(c) What would be the function of the State?

At European level:
To date no European authority can be regarded as competent to issue a certificate on behalf of the Community because the principle of subsidiarity applies. Is it, therefore, possible to conceive some form of representation or legitimacy, and who might be the protagonists?

4.2. What standards or benchmarks could be used as the basis for validation of trainers' knowledge and skills?

What kind of knowledge or skills should be demonstrated:
• given the authorities responsible for validation?
• given the objectives of validation?
This raises the question of qualification/competence and technical/general knowledge:
• how can one ensure that validation is not confined to technical know-how?
• is a dossier of evidence sufficient to reflect all the skills and knowledge called upon in a training situation?
What benchmarks might be considered:
• given the elements to be evidenced?
• given the method of assessment adopted?
• at national and international level?

4.3. **Which ways and means of assessment might be used to validate knowledge and skills acquired through experience?**

(a) Given the benchmarks used?

(b) What evidence should be required for which kinds of knowledge and skills given the authorities responsible for validation?

(c) What types of mutual recognition might be envisaged?

(d) Is a national or even transnational approach conceivable?

(e) How can one observe and evaluate the theoretical knowledge involved in a demonstration of technical know-how?

This point could be looked at from two standpoints:

(a) the common segments of training and the common validation of trainers' knowledge and skills;

(b) the indicators for the value of experience in the field on the basis of agreement on certain elements of that experience.

4.4. **What professional training route is feasible?**

Here we are faced with the whole concept of 'trainer' and of the 'training occupation' in a given sector or region or on a given market. The route will vary with the concepts. But is it possible nonetheless to agree on some segments of common route?

Designing and implementing the national accreditation system of trainers' training in Greece

Stamatina DIAMANTI
Ekepis — National Accreditation Centre for Continuing Vocational Training Structures

Summary

1. Introduction
2. The goals of the trainers' accreditation system

Introduction

Two systems in the field of vocational education and training coexist in Greece:

(a) the vocational education system, which is an integral part of the typical Greek education system. It offers initial training mainly to young people and provides recognised vocational titles, which allow their holders to obtain official licences to exercise their professions (titles are gained upon successful completion of assigned procedures via examination attesting the acquisition of the required knowledge and skills);

(b) the vocational education and training system, which is separate from the typical education system. It offers initial and/or continuing vocational training to people in and out of employment. Trainees who attend training programmes within this system obtain attestation of attendance, which is not an officially recognised title.

At the same time, there are other kinds of vocational training schools, also separate from the typical education system, which are supervised by different ministries (for instance, the Ministry of the Merchant Marine runs a naval academy, the Ministry of Tourism runs a tourist service). Such schools provide degrees that allow holders to exercise the professions in question.

Therefore, we can conclude that in Greece there are diverse training systems and regulations regarding the recognition of corresponding degrees/titles. While there is a well-structured system for the accreditation of formal learning, a system has not yet been developed for accreditation of non-formal learning (irrespective of the way it has been acquired, through training programmes or from experience). Although training centres (IEK/KEK) which provide initial and continuing training independent of the typical education system have been recently accredited to provide training, training itself is not yet accredited and it is considered to be non-formal learning. In Greece, the issue of accreditation of competences and skills is often identified as the issuer of accreditation of vocational training programmes.

The absence of a systematic and cohesive vocational training system in Greece, rapid changes in the organisation of work and the subsequent development of new professions for which training systems have not anticipated adequate training programmes have resulted in regulations allowing experienced people to exercise professions (mainly technical ones, but not only these) without holding a qualification (for instance, the profession of an assistant accountant could be exercised by someone able to document certain years of working experience, regardless of their academic background). It should be noted that, while knowledge/learning arising from professional experience is considered significant and often associated with regulations for working rights, it is not analysed systematically, and does not necessarily correspond to specific and required knowledge, skills and abilities and, as a consequence, is not officially recognised.

Training professions, including that of trainer, are typical examples of professions exercised on the basis of professional experience. In Greece, the rapid development of vocational training gave rise to needs that had to be covered immediately. As a result, there was no provision for specialised training or a national normative framework to define precisely who could exercise these training professions and with what qualifications. The result was a diversity of definitions regarding trainers' qualifications.

In order to improve the national continuing vocational training system and to deal with the above-mentioned weaknesses, Ekepis (National Accreditation Centre) was founded in 1997. Its strategic aim is to develop, implement and establish an effective national accreditation system of continuing vocational training (comprising accreditation systems for the training centres, trainers and vocational training programmes) in the perspective of recognising vocational qualifications within the framework of the Greek and European labour markets. Ekepis has already implemented the training centres' accreditation system and now focuses on the designing and implementation of an accreditation system for the training of trainers. The focus on the trainers' accreditation system relies on the ability of candidates to prove their adequacy to exercise a trainer's profession. The aim of the system is to accredit the candidates' qualifications as trainers, attesting all the required competences, abilities and skills candidates require in order to exercise the profession of trainer, irrespective of the way they acquired them (via educational paths initially or continuing training or other kinds of training, or via their professional experience).

It is important to employ reliable evaluation procedures to assess both the content of training of trainers' programmes and the acquisition of the required competences, abilities and skills.

The required competences, abilities and skills for trainers are:

(a) academic qualifications (university degree, college degree, diploma, high school graduation certificate, etc.) related to a profession (e.g. architect, plumber, secretary, etc.);

(b) pedagogical competences and abilities;

(c) social skills.

It is important to clarify that the specialisation of trainer is a transversal one. This means that the competences that someone has to acquire to become a trainer relate to all kinds of professions (e.g. architect, plumber, secretary, etc.). The accreditation system of trainers aims at:

(a) confirming that candidates possess all required qualifications for the profession they are applying for;

(b) providing, assessing and accrediting the required pedagogical and social competences, abilities and skills, which are prerequisites for anybody wishing to become a trainer.

The goals of the trainers' accreditation system

(a) Match the right trainer to the right cognitive area/area of expertise. To achieve this goal a trainers' register will be set up. Trainers possessing the required academic qualifications for their profession and a minimum working and teaching experience will be entered in the register. Expected results of this action are to:
  - set up standards regarding the required competences,
  - record systematically trainers' qualifications,
  - match trainers' competences to 'areas of expertise'/thematic training units;

(b) define the required profile for trainers in continuing vocational training, namely the competences, abilities and skills needed to become a trainer;

(c) set up standards regarding the content of trainers' training programmes corresponding to the required standards (competences, abilities and skills) for trainers;

(d) set up similar standards for other kinds of training of trainers (teletraining, open and distance learning, online seminars, etc.);

(e) develop a system of equivalence between the different levels of achievement of trainers' competences, abilities and skills. In this way, every trainer can select the most suitable way of learning according to their needs;

(f) design and implement accreditation procedures for trainers' training programmes. Standardisation of programmes' content and their accreditation will ensure reliability and transparency on the acquisition of competences and common levels of knowledge and competences for all trainers;

(g) set up standards regarding the organisations that will deliver trainers' training and standards for trainers' training, to ensure quality and a high level of standards for all participants in the training of trainers' procedure;

(h) develop a methodology for the identification, assessment and accreditation of prior pedagogical competences, regardless of the way they have been acquired (through other training programmes or professional experience), in order to specify the real training needs of each candidate, i.e. to identify if and to what level each candidate needs training as well as the grade of already acquired competences;

(i) associate the results of the assessment and accreditation of prior learning with the opportunity to acquire part of all the required competences via accredited trainers' training programmes, according to the result of the assessment. Candidates will attend modular programmes tailored to their specific needs;

(j)   develop a common methodology for the assessment and the verification of possession of the required pedagogical competences, abilities and social skills (regardless of the way they have been acquired, either though accredited programmes or professional experience or other educational paths). This means that even those candidates with positive assessment results have to pass the evaluation stage to prove in the same way as the others that they possess competences. Experience gained through examination-based methods of the typical education system and/or recruitment methods will significantly contribute to the development of our methodology;

(k)   associate the results of the evaluation with the accreditation of the adequacy of each candidate to exercise the profession of trainer. The successful candidates will obtain the official Ekepis accreditation that will be considered as formal evidence of the trainers' required competences.

The possibility for this accreditation to be officially recognised (i.e. the recognised vocational degree/title will guarantee working rights even outside the Ekepis vocational training system) has to be investigated.

In brief, the accreditation of trainers' system:

(a)   identifies the areas of expertise in which the candidate is to provide training;

(b)   identifies and assesses if, and to what degree, the candidate possesses the required pedagogical competences and skills;

(c)   provides each candidate with the opportunity to acquire part or all of the required competences via accredited training of trainers' programmes;

(d)   provides accreditation for the adequacy of the trainer to provide training by officially recognising the trainer's area of specialisation/expertise.

A fundamental parameter of the system is the development of reliable and objective methodologies for the assessment and accreditation of knowledge, competences and skills. Reliable methodologies will ensure access for all the involved parties, contribute to transparency in the acquisition of competences and finally provide social acceptance of the system and upgrade the role of the trainer.

Validation of competences and the professionalisation of trainers in Austria

Alfred FREUNDLINGER

IBW — *Institut für Bildungsforschung der Wirtschaft*
(Institute for research on qualification and training of the Austrian economy)

Summary

1. Validation of competences in Austria
2. Validation of competences of trainers (trainers in enterprises for apprenticeship training)
   2.1. Legal background
   2.2. History
   2.3. Trainer examination
   2.4. Trainer course
3. Suggested key questions at EU level

Validation of competences in Austria

In Austria there are three major types of legal regulated validation of competences:

(a) leaving examinations (e.g. higher technical and vocational schools, apprenticeship training);

(b) assessment during the training period (e.g. secondary technical and vocational schools);

(c) professional examinations, certificates (e.g. trainer qualification, master craftsperson examination).

Validation of competences of trainers (trainers in enterprises for apprenticeship training)

2.1. Legal background

Training enterprises that offer apprenticeship training are acknowledged and officially registered. They have to fulfil certain criteria. One part of the criteria concerns the infrastructure of the enterprise. The other part concerns the person who is authorised to train. Every training enterprise has to have such an authorisation. Usually the owner of the enterprise is authorised to train. He or she can look after all training tasks by him- or herself. It is also possible to appoint a trainer for these tasks.

In certain cases, the authorised person has to appoint a trainer:

(a) if the authorisation does not concern a person but an enterprise (for instance, a limited liability company); or

(b) if the enterprise is too large, has too many trainees/apprentices or similar things.

The person being authorised training as well as the appointed trainer have to fulfil certain personal criteria.

Primarily, they have to be qualified in the pedagogical and vocational field. To obtain the vocational qualification, candidates must do one of the following:

(a) successfully pass a final exam following an apprenticeship and have at least two years' practical experience in the field of work;

(b) graduate from a relevant school and have at least two years' practical experience in the field of work;

(c) have at least five years' practical experience in the field of work (which does not have to be training practice).

In order to prove their pedagogical qualification, a trainer's exam or graduation from the trainer's course is needed. The exam and the course can be replaced by equivalent exams or qualifications (entrepreneur's exam, lawyer's exam, etc.).

2.2. History

In 1979 the trainer examination was introduced as a mandatory trainer qualification in order to safeguard their minimum pedagogical and legal standards. In practice, however, entrepreneurs often considered the trainer examination a bureaucratic hurdle for the apprenticeship training; examination questions were frequently criticised as too theoretical and irrelevant for practice. These problems could never be eliminated completely, not even by separate training courses for examiners or by efforts to improve assignments. Preparation courses for the examination are primarily offered by the further training institutions of the social partners. It is not mandatory to attend these courses. Past attempts, mainly on the part of employee representatives, to make attendance at these courses mandatory and increase the number of lessons from 80 to 100 have been successfully warded off by representatives of industry. The main argument in this connection was that any raising of the level of requirements would automatically have a negative impact on the number of training enterprises.

Since 1996, a manifest crisis regarding apprenticeship posts, which can be seen also in other European countries, has led to a series of educational policy measures aimed at easing and improving the situation of training enterprises. Among other steps, a 1997 regulation specified that recognised training courses with a minimum duration of 40 hours which end with a work-specific talk at the institution providing the course can be considered equivalent to the trainer examination. Moreover, one regulation stipulates that certain professional examinations (e.g. lawyers', pharmacists', entrepreneurial) are equivalent to the trainer examination.

The example of the trainer courses shows that this simplification of procedures for training enterprises is not necessarily tantamount to a worsening of the quality of trainers' qualifications. The original purpose of these courses, to prepare for an external examination, is no longer applicable; therefore, the aspect of an actual broadening of competences is more in the foreground. Practice has shown that participants in bridge courses are only interested in the contents that are known to be of relevance in the examination. In the meantime only a very small number of future trainers take the 'classic path' of a trainer examination before a committee. It is not least due to this fact that a continuation of the discussion on educational policy and on reform of trainer qualifications is already taking place in Austria.

2.3. Trainer examination

The trainer examination is held either as an individual (separate) examination before a committee of the respective provincial government or as a section of the master craftsperson examination. (The latter is a prerequisite for self-employment in many activities in crafts, trade and industry.)

The trainer examination covers five topics:

(a) determination of the training targets on the basis of the job description and profile:
- analysis of the job profile regarding planning of training measures,
- specification of individual resulting training targets;

(b) planning of training in the enterprise:
- choice and design of appropriate training measures,
- time- and organisation-related structuring of training activities in the company workflow to reach training targets;

(c) preparation, realisation and supervision of training measures:
- the basics of corporate training methodology taking into consideration activating methods in particular,
- employment of more staff in the framework of the training,
- use of training tools,
- success control;

(d) the trainer's behaviour vis-à-vis the apprentice:
- tasks and responsibilities of the trainer,
- personality development of the apprentice and success of the training,
- leadership and motivation,
- communication and rhetoric skills;

(e) training-relevant legal provision: position of the dual vocational training system in the Austrian education system.

The examination committee is made up of three members: one chairperson and two assessors.

The members of the examination committee must have the knowledge and skills required for the apprenticeship training plus a minimum of three years of training practice.

The examinees get a written assignment from their training practice comprising topics (a) to (b) (see above). In the assignment the professional background of the examinee is taken into consideration. After a preparation time of 30 minutes, the examination is held in the form of an expert talk on the basis of the written assignments given to the examinee. The talk covers topics (d) and (e) and lasts between 30 and 60 minutes. The examination committee rates the examinee's performances in each topic according to criteria regarding the assignment solution and the typical performance average. The examination result is considered unsuccessful if the candidate's performance in one field is rated *'nicht genügend'* ('fail').

If the candidate wants to sit the trainer examination again, they have to wait for at least three months. If the candidate rated 'fail' in one field only, the second attempt is then limited to this one field; if, however, they were unsuccessful in more than one field, the complete examination has to be repeated.

The regulations applying to the trainer examination also apply to the section 'trainer examination' in the framework of the master craftsperson examination.

Suggested key questions at EU level

- What are the features and factors of being a good trainer?
- How can validation contribute to improving the process of qualifying trainers?
- Which are suitable methods and instruments for validation of trainer competences?

2.4. Trainer course

Recognised trainer courses with a minimum length of 40 hours that are completed with an expert talk at the course provider are considered equal to the trainer examination. The course contents are oriented towards the five topics of the trainer examination. Trainer courses are offered primarily by the further training institutes of the social partners.

Accreditation of vocational teachers' competences in Norway

Ellen BJERKNES
Akershus College

Summary

1. Introduction
2. Reform in teacher education
   2.1. Central goals in the education and training of vocational teachers
   2.2. Basic principles for organising the learning process
   2.3. Main fields of study
3. Systems for accreditation of competences: new trends
   3.1. Methods of accreditation in education of vocational teachers
   3.2. Formal accreditation — marks
4. Accreditation of professional competence — new practice
   4.1. Criteria for 'accreditation of professional incompetence'
5. Practical challenges
6. Bibliography

Introduction

Accreditation of vocational teachers' competences is a complex and controversial concept, covering a vast field of functions:

(a) teachers' qualifications need to be assessed to monitor and facilitate such aspects as the job selection procedure. It can also be used as a tool for measuring the outcome of investment in teachers' education;

(b) for an educationalist, accreditation is a pedagogical tool. It is a tool for stimulating the motivation, learning and development of the learner. It is a tool for students, teachers and school authorities to ensure quality and development. Both aspects are a necessary element of accreditation.

The pedagogical elements of accreditation have to be strengthened and developed in order to improve quality of education as well as meet society's need for assessment and control of teacher education.

It is a constant challenge to develop methods that take both these approaches into account.

This paper shows that accreditation cannot be regarded and described as an isolated concept. Accreditation is a concept that must be understood, described and analysed in connection with other didactic concepts, such as learner abilities and experiences, objectives and framework of education programmes, learning processes and methods, and the content to be learned. Accreditation must also be understood in context, that is, as a pedagogical and political tool, in a society at a given moment in time. Accreditation methods reflect general, dominating approaches towards learning and motivation.

It is important to outline briefly the Norwegian context of vocational teacher education and accreditation. Education of vocational teachers in Norway takes place in colleges, namely institutions of higher education. This type of education is subjected to the same regulations as regular higher education.

The comprehensive reform process of the Norwegian educational system in the 1990s has revived debates on accreditation: students' achievements, as a tool for school; development and quality; enhancement of vocational education and training and teacher education.

The competence reform, described below, underlines the need for new approaches to accreditation while systems of recognition of non-formal competences have to be developed.

A core curriculum provides the basic values and objectives for education. The 'integrated human being' with comprehensive competences, including cooperation and communication skills, consciousness of the environment, international and global responsibility, specific professional skills and knowledge as well as innovation and learning to learn competences.

This also challenges the accreditation system. How do we validate broad competence? How do we validate the 'integrated human being'?

A White Paper (No 42: 1997–98), *The competence reform*, was presented to the *Storting* (Norwegian National Assembly) in May 1998. The reform, also named 'in-service and continuous education reform', aims at improving single adults' possibilities for education, training and competence development. The basis for this reform is the need for competence in the workplace, in society and in the individual. The reform will embrace all adults in and outside the labour market and it will have a broad, long-term perspective. The reform will be implemented as a process in which employers, employees and government will have to make an active contribution. The report focuses on two important aspects: non-formal learning and recognition, and documentation of non-formal learning. Non-formal learning is all the competences that a person has built up during paid or unpaid work, continuing education, leisure activities, etc. and which supplements the competences this person has documented during basic education. Non-formal competence is characterised by being personal and based on experience and practical work and real-life learning situations. It is tacit — that is, taken for granted by the 'owner' — it is not reflected or 'put into words', and often the owner is not conscious of this competence.

'Documentation of non-formal learning' means documentation of a competence that has not already been documented in the educational system. For the reform to be realised, it is essential that a system of documentation and accreditation of adults' non-formal learning is established. This system should have legitimacy both in the workplace and the educational system.

The pedagogical challenge of implementing adult education requires providers to focus more on individual needs and become more flexible in creating relevant curricula.

Other basic principles have to be emphasised such as encouraging learning at the workplace and recognising individual responsibility in the learning process.

Reform in teacher education

Existing education programmes for vocational teachers and trainers are based on the White Paper *About teacher education* published in June 1997.

A three-year course is the principal model for training teachers of vocational and technical education and training. The course provides the necessary background of vocational theory for teaching in upper secondary education and training, i.e. it develops competences for teaching both broad-based foundation courses and the more specialised advanced level I and II courses. This three-year course incorporates the one-year teacher certificate programme into an extended period (8 to 12 weeks) of supervised teaching practice. Admission requirements for training as a vocational teacher are:

(a) a journeyman qualification, craft certificate, or similar vocational training from an upper secondary school combined with practical work experience;

(b) general right to study, normally achieved after three years of general secondary education;

(c) two years of occupational practice.

The new three-year programmes started in autumn 2000. This report refers to the new teacher certificate programme implemented in autumn 1998. The programme is based on the same White Paper and thus the same basic values, ideas, goals and principles for work.

2.1. Central goals in the education and training of vocational teachers

Major educational domains of competence outlined are:
- vocational subject,
- ethical,
- didactic,
- social,
- innovation and development.

The education is based on four principles:

(a) 'dual competences' — i.e. both competence in vocational specialisation and in the art of teaching;

(b) the vocational learning traditions and methods (didactics of vocational education);

(c) comprehensiveness and coherence of training programme;

(d) equality with other teacher education and professional studies.

2.2. Basic principles for organising the learning process

2.2.1. Experiential learning

The students' own experiences are perceived as an important resource for developing knowledge and understanding. Documentation and reflection on experience gained during previous practice and the study programme are important aspects of the course.

2.2.2. Task orientation

Training is strongly geared towards the practical aspects of the students' professional lives at school, and the content is required to relate to real-life problems, i.e. be contextualised.

2.2.3. Participation

Students have a right and an obligation to participate in developing both course curricula and their own learning process. As part of a quality assurance system, they are required to evaluate the educational organisation, their teachers and their own learning processes on the basis of the objectives specified in the national curriculum guidelines and the college course prospectus as well as their own aspirations regarding the impact of the course. They have representation in departmental and college decision-making bodies.

They are expected to take an active part in the planning, execution and assessment of their own learning processes. The course does not have a rigidly fixed format, and students and teachers share responsibility for developing their own syllabus within the curriculum framework.

2.2.4. Integration of theory and practice

Experiential learning and the integration of theory and practice constitute basic ideas. The students' work assignments are based on realistic problems encountered at school and in working life. Problems and experience are analysed and evaluated in the light of the relevant theory. This approach also allows the training institutions to adapt the main study areas of the national curriculum guidelines to the students' diverse work situations, training backgrounds and practical experience.

2.2.5. Integration of knowledge, skills and attitudes, or effective learning processes

Practical, cognitive and effective aspects are seen as inseparable elements of teaching and innovation and are therefore all taken into account in the formulation of assignments and the learning process.

2.2.6. Working methods

The programme methodologies include lectures, presentations and discussions in plenary, problem solving and project work carried out in groups, the videotaping of training sessions held for fellow students, and other group-organised learning processes.

2.2.7. Organisation of training

The teacher-certificate training programme is organised as full-time study over one year or part-time study lasting two years.

2.3. Main fields of study

These cover:
- education theory (10 points, equivalent to six months' full-time study);
- didactics of vocational education (10 points, equivalent to six months' full-time study);
- supervised practice in teaching and/or training of at least 12 to 14 weeks' duration.

Education theory and vocational didactics are studied throughout the course. Special education, ICT and Norwegian are integrated into the main study fields.

2.3.1. Supervised teaching and training practice

Supervised teaching and training practice take place in schools and enterprises. Teaching practice in upper secondary school is mandatory. Other forms of teaching and training practice carried out in primary schools, companies and other organisations are considered as relevant and valuable for acquiring supervisory and tutoring skills.

Systems for accreditation of competences: new trends

In Norway, there is movement away from traditional assessment methodology of written exams towards alternative forms. Examples are: portfolios of evidence, log writing, written reports delivered during the study programme, project work, development/innovation work and reports/reflection papers on teaching practice.

Traditional exams or tests and summative accreditation represent a positive approach. Accreditation is seen as a tool for selection and for monitoring knowledge at a given moment or in a particular situation.

Alternative methods represent a more learner-centred or humanistic, holistic approach, where accreditation is seen as a tool for learning and development. This approach includes accreditation methods where teacher and student establish a mutual understanding of what shall be accredited, in what way, as well as what shall be used in accreditation.

A constructive/humanistic approach implies that the outcomes and process of accreditation are affected by the context, the learner's perception of relevance of the assessment task, the relationship between the learner and the evaluator, and perceptions of the purpose of assessment.

Basic elements/principles for success are students' self-motivation, joint agreement on strategies, mutual review of progress and a close learner/evaluator relationship.

It is important to stress that both theories are not necessarily in conflict with each other; they simply tend to emphasise different aspects. A positivistic approach to accreditation stresses the importance of effective systems for defining what is to be assessed, observable outcomes and transferability. A humanistic/constructive approach emphasises the importance of interaction, and the effects of social and personal factors on the success, or otherwise, of accreditation.

3.1. Methods of accreditation in education of vocational teachers

Students' participation in the training programme provides the most appropriate or valid basis for assessing professional development.

Teachers in charge, together with tutors of practical teacher training, have a responsibility to guide students 'away from training' if they are considered not suited to accomplish the programme or are a potential danger to children and young people.

Continuous assessment is carried out during the whole study programme. Accreditation must reflect the central aims of the education programme, students' own learning objectives, the methods practised in the programme, and also the students' self-evaluation. Criteria for accreditation are discussed and developed by teachers and students — and it is an educational aim that a common understanding be developed.

3.1.1. Accreditation and tutorial session

An example is practical teacher training where the student teacher teaches in their own or the tutor's class, supervised by the tutor. Accreditation takes place as a dialogue — a mutual reflection over practice.

The student's learning goals for the session, plan for the teaching session and experiences from the execution and reflections on what happened are the basis for the tutorial session.

This approach/method is not new. However, during recent years, practical teacher training has become more formalised with more obligatory tasks to be performed. The role of the tutor and the importance of tutorial sessions and accreditation have been strengthened as a pedagogical and accreditation tool.

This is also because the numbers of lessons with the responsible class teacher have been reduced in recent years.

The basic principles for accreditation are:

(a) the evaluator/tutor and the student are persons with different experiences;

(b) it is based on reflection and dialogue;

(c) students and tutors are participants on equal terms — but the counsellor is the responsible person — so a certain asymmetry exists;

(d) students have set objectives for their learning needs in this session and a plan for the teaching sessions they are going to perform;

(e) students and counsellors have discussed the plan and perhaps made some changes.

After the session the student and counsellor reflect, talk and discuss what happened during the session, and decisions on what can be further improved are set up as learning goals for the next session.

3.1.2. Portfolio of evidence

One definition of portfolio of evidence or portfolio assessment is:

'Purposeful collection of student work that exhibits the students' efforts, progress and achievements in one or more areas. The collection must include student participation in selecting contents, criteria for selection, criteria for judging merit, and evidence of student self-reflection' [7].

The aims for using portfolios of evidence are:

(a) to stimulate students' active participation in their own learning process;

(b) to stimulate activity, responsibility and commitment;

(c) to develop self-knowledge;

(d) to develop communication and cooperation skills.

Students can work with two different kinds of portfolios: a 'working' portfolio or a 'showcase' portfolio. The former is documentation of the working and learning process, while the latter is a selection of work featured in the working portfolio.

In vocational teacher training, both approaches are used. In practical supervised training, students write plans for their lessons and reflection papers.

A selection of written plans is delivered as examples in obligatory task No 5 (Section 3.2.1 below).

In obligatory task No 7, the reflection paper on educational theory, students can select examples of reflection papers from different parts of the learning

---

[7] Taube, 1998, p. 11.

process to demonstrate their own learning process and reflections.

3.1.3. Log writing: part of the learning process and basis for the informal accreditation system

Log writing can be part of a portfolio of evidence. It has the following aims: to train students to observe and describe, express feelings and reflections.

It can be used as an instrument for training or for accrediting what happens in the class, or as a tool for students and teachers. Thus it also functions as a basis for developing the reflection paper (see obligatory task No 7) which counts for 50 % of the mark in educational theory.

A log can have the following entries:

- What did I/we do? What happened?
- What did I feel: – when I did such and such?
                      – when this happened?
- I reflected on what happened
- I learned from what happened.

The first step is to describe a working task, an event taking place in the class/group/workplace/workshop. The next step is to write down the feeling when the task was performed. The third step is to express thoughts on what happened after some time.

3.2. Formal accreditation — marks

Students are given three marks: one for educational theory, one for vocational didactics, and one for teaching practice. None of the marks are given on the basis of written examination tests. This is a new practice since autumn 1998.

Marks are awarded provided students have answered satisfactorily the obligatory tasks described in the next paragraphs.

The mark on educational theory is based on obligatory task No 7. This task counts for 50 % of the mark. The other 50 % is awarded based on a verbal examination organised in the form of dialogue between the student, the teacher in charge and an external examiner (*Sensor*).

The mark on vocational didactics is based on obligatory task No 6. The report counts for 50 % of the mark. The other 50 % is awarded based on a verbal examination organised in the form of dialogue between the student, the teacher in charge and an external examiner.

These two marks are graded with a number between 1 and 4. The highest score is 1, the lowest is 4. Grades below 4 denote failure.

The assessment in practical teaching is either pass or

fail. A tutor guides the student, who has to execute a certain number of teaching sessions followed by tutorial sessions, including writing plans for their teaching and a reflection paper showing their analyses and reflections afterwards.

3.2.1. *Obligatory tasks to be accredited in the study process*

In teacher certificate training for vocational teachers at Akershus College, students have to deliver seven obligatory written tasks during the programme. These tasks have to be accepted by the teacher. Students and teachers discuss the criteria for what is satisfactory. It is an educational aim that students and teachers develop a mutual understanding of the relevance of the criteria. Some classes have established a practice in which students choose two or three criteria that they want as a basis for accreditation. This is the case in the oral examination of obligatory task No 6 (innovation work), when marks for vocational didactics are given.

It must be stressed that when a written task is not accepted as good enough it is regarded as 'not yet finished', and students get a chance to improve their efforts after a tutorial session, and within a certain time limit.

Students are given verbal and written feedback on their achievements.

Task 1. Students have to write a plan for a teaching session, describe the implementation of the plan, and provide a reflection on what happened. This teaching session is carried out within a group of fellow students where they give each other feedback. In the task, students have to reflect upon the quality of feedback and to construct some criteria for defining what is good feedback.

Task 2. This is a task on vocational didactics. Students describe the working tasks in their professional life, analyse necessary qualification demands for performing these tasks, and also analyse if the curriculum corresponds to the necessary objectives.

Task 3. Project work. Students choose their own theme, which should be relevant for them and for the education curricula. Work is carried out in a group, and results presented in a written report. Students present their work to the entire class and in this way get feedback on their presentation. The teacher acts as a tutor during the process, and students are required to have at least two tutorial sessions.

Task 4. This is another task on vocational didactics. Students describe a plan for implementation and evaluation of a teaching session in their own professional field at upper secondary school. The task also includes providing a reflection/analysis of the session afterwards, focusing on what was done well, what was learnt, what could be done in another or better way at another time, etc.

Task 5. Reports on results of supervised practice and field studies. These reports are based on students' own learning needs. The objectives in the curriculum are based on identified problems.

Task 6. A group project whose aim is to plan, carry out and evaluate development/innovation work in the candidates' own professional field. This project is part of the formal evaluation system, and consequently is assessed and given a mark.

Task 7. A 'reflection' paper that gives a presentation of the development of students' educational/pedagogical experiences and thinking, linking studies in educational and pedagogical theory to experiences. This is meant to be a description of the development of the students' ability to put theory into practice. The mark on educational theory is based on this paper and an oral examination.

Accreditation of professional competence — new practice

This is a new practice since autumn 1999.

This accreditation is intended to be a part of the total accreditation of a student's professional, pedagogical and personal qualifications for functioning as a teacher. A student regarded as a potential danger to pre-school children and pupils' rights, security and physical and psychological health is not suited to be a teacher.

If there is any doubt about the student's professional suitability, special procedures are applied. According to these procedures, only situations related directly to the study situation should be evaluated. Students have to be informed of these procedures.

Since autumn 2000, all students starting teacher education have to provide a certificate stating that they have not been registered for criminal acts.

4.1. Criteria for 'accreditation of professional incompetence'

The following criteria are stated in the directives from the Ministry of Education and Research:

(a) the student demonstrates a lack of will or ability to

show, care and conduct learning processes for children and young people in accordance with formulated goals and guidelines for schools;

(b) the student does not demonstrate the necessary will or ability to see and understand what goes on in a class, and thus create an environment that takes into consideration children and young peoples' security, psychological and physical health;

(c) the student does not act properly as a role model for children and young people in accordance with major goals and guidelines for schools;

(d) the student does not have the necessary will or ability to communicate and cooperate with children, young people and adults;

(e) the student has problems functioning well in relation to her/his environment;

(f) the student shows a low degree of self-awareness or does not demonstrate the necessary understanding of conditions formerly discussed in guiding/counselling sessions.

Practical challenges

Teacher education has ambitious goals — the learning process focuses on developing a complex, broad competence — a competence that manifests itself in practice, in ways that demonstrate an aptitude to integrate knowledge, skills and attitude to specific contexts or situations. The learning process also focuses on students' ability to reflect upon situations and themselves as individuals acting in complex situations.

A continuous discussion has to go on:

(a) does the accreditation system reflect the goals of education and the values, concept of knowledge and learning embedded in education?

(b) does the system really accredit a comprehensive competence, or will important aspects of this broad competence be excluded from the accreditation process?

(c) does the external assessor have the necessary experience to carry out an examination situation where students, teacher and assessor together explore a theme? Do they have the same perspective on the concept of knowledge and learning?

We still have to work on the question of how to accredit integrated broad competence in practice.

One principle is 'educational connoisseurship' or 'good practice recognises good practice' (Eisner, 1991). The experienced, reflective practitioner has a set of quality standards as a basis for accreditation. This includes analysis of questions on how to act in specific practical social situations, and what characterises good practice.

Good practice can be described and reflected upon, but it is a big question whether good practice can be standardised. As good practice is always contextual, it always takes place in a certain situation, and in relation to other persons.

Good practice can be analysed and described, and criteria for accreditation can be set up on the basis of this analysis. (What steps are involved in performing a professional task? What qualifications are needed to perform this task? What needs to be learned? How can the result be assessed as good or good enough?)

It is also a question of whether it is possible to have standardised methods for accreditation of vocational teachers' competences. It is possible to establish some principles of accreditation methods where elements of communication, reflection and dialogue are important.

Bibliography

- Ecclestone, Kathryn, *How to assess the vocational curriculum*, Kogan Page, 1996. ISBN 0-7494-1706-4.
- Eisner, Elliot W., *The enlightened eye: qualitative inquiry and the enhancement of educational practice*, Prentice Hall, 1991. ISBN 0-13-531419-4.
- Taube, Karin, *Mappevurdering* (*Portfolio of evidence*), Tano Aschehoug, 1998. ISBN 82-518-37-93-6.
- The Ministry of Education, Research and Church Affairs, Norway, *Core curriculum*, 1993.
- The Ministry of Education, Research and Church Affairs, Norway, *National curriculum guidelines for teacher education*, 1999.
- White Paper on teacher education (St. m. no 48: 1996–97).
- White Paper on competence reform (St. m. no 42: 1997–98).

Vocational training markets and validation of trainer qualifications in Portugal

Horacio COVITA
Inofor — *Instituto para a Inovaçao na Formaçao*
(Institute for training innovation)

Summary
1. Introduction
2. Innovation poses challenges
3. Vocational training markets in Portugal
    3.1. Public sector training providers
    3.2. Social partner organisations
    3.3. Training provision within and between firms
    3.4. E-learning and knowledge networks
4. Breakdown of skills of Portuguese training professionals
5. Comments on the model for the balance of cross-disciplinary skills for professional trainers
6. Bibliography

Introduction

This paper gives a systematic overview of the skills and competence of training professionals in Portugal, reflecting the trend of vocational training markets.
It also discusses a model for a balance of cross-disciplinary training skills linked to a cumulative credit training system.
Bearing in mind the European principle of free movement of workers, discussions within the European vocational training community have generated a series of ideas for establishing 'dialogue bridges' for the reciprocal recognition of skills validated under national systems and of skills acquired by European training professionals. We shall therefore be discussing the following subjects:
(a) vocational training markets,
(b) training professionals,
(c) areas and types of training,
(d) balance of cross-disciplinary skills.

Innovation poses challenges

Increasing innovation poses new challenges for vocational training, and particularly for training bodies and training professionals, because it calls for new skills and types of competence on their part to be able to cope with new ways of learning and skill-building. The response and expectations of clients of training organisations are also changing; new demands call for new attitudes, making it necessary for professional trainers, training bodies and in particular industrial firms' training departments to shed their less competitive views of training. Since nowadays clients have come to regard the workplace and the home as natural learning environments, training providers and trainers themselves are being obliged to refocus their strategy, products and activity and consequently to develop the personal and organisational skills which the new reality demands.

Training bodies and training professionals are also being called on to play a dual role in identifying and spreading innovation, since apart from changes in the training environment we are also witnessing radical changes in how and with whom we learn:

(a) innovation for own benefit: training bodies and training professionals can enhance their own skills and competence by evolving means for diagnosing and identifying innovative training practice (benchmarking) and incorporating the new knowledge and practice in the production and work cycles of their own training organisation;

(b) pioneering innovation consciously and effectively: integrating innovation within one's own training organisation with a resulting enhancement of individual and organisational knowledge and skills will generate a competitive 'critical mass' of strategic benefit to the training body or training professional, rendering them especially effective as partners or facilitators in introducing innovation into client organisations or as coaches par excellence for teams focusing on good practice and thus promoting innovation within client organisations.

Devising a strategy for performing the above two functions will assure training organisations and training professionals of active involvement in their particular market, together with the distinctive skills that strengthen their position there.

Vocational training may be experienced as a constellation of attitudes and skills that encourage training bodies and training professionals to focus on innovation as the driving force for productivity, competitiveness and satisfaction. Thus training may be:

(a) a form of unrest;

(b) partnership in change;

(c) preparation to address a risk situation;

(d) a strategic instrument and not an end in itself;

(e) a permanent link with an organisation's culture and business;

(f) a process focusing on the competitiveness of individuals, teams and organisations;

(g) a permanent dilemma, since training is only valid where performance improves and people realise their potential and experience satisfaction.

Vocational training markets in Portugal

In Portugal nowadays, any reference to vocational training and to training professionals in particular must be clearly defined since there are four separate markets, that is to say, training provided by the public sector, training organised by the social partners, training given by firms acting either individually or jointly, and e-learning and knowledge networks. All of these forms are clearly demarcated and differ particularly in the way in which training is regarded and used, in the perception of training professionals' status and in the skills which each market expects a training professional to possess and demonstrate. The four markets also differ in their degree of openness to change and innovation, with the result that training professionals' mobility can be encouraged or restricted. In practice this means that some markets or market segments are extremely permeable and open to training provided by professionals from other organisational cultures, while there are others in which a trainer coming from another organisational culture is in general bereft of credibility or legitimacy. The definition of the four vocational training markets in Portugal given below must be understood from the point of view of a professional trainer. The entries under the table headings — 'Principal characteristics', 'Training challenges', 'Roles of training professionals' and 'Outlook' — enable us to couple together public sector and social partner training providers on the one hand, and training by firms on their own and jointly and e-learning and knowledge networks on the other (see Diagram 1). This we consider significant since it may result in the two groups of markets moving in different directions, thereby generating difficulties in the links and combinations necessary for the mutual recognition and understanding of skills, curricula, means and trainer mobility and with obvious implications for the future development of the vocational training system.

Diagram 1:
**Training markets
(from the training professionals' perspective)**

Public sector training providers

Firms' training provision

Social partner organisations

E-learning and knowledge networks

Joint financing

3.1. Public sector training providers

Training market	Principal characteristics	Training challenges	Roles of training professionals	Outlook
Public sector training provision	Qualification Employability Management of Community and public sector funding Institutional approaches to training focused on internal aspects of training cycles Certification of trainers (national system of vocational certification) Accreditation of training bodies	Training as an element in the production chain of value to stakeholders, particularly recipients and clients Integration and transparency of training solutions	Prospective analysis of development of skill clusters (by sector, population group etc.) Benchmarks and global strategies for training, design of means facilitating learning in new contexts Design and development of curricula by objective Development of methodologies for validation of skills and models of assessment by objective	Integration and transparency of models and means of validation Curricula based on strategic social and economic needs Design of training and development of courses by objective and solution Assessment models focusing on balance of skills systems

3.2. Social partner organisations

Training market	Principal characteristics	Training challenges	Roles of training professionals	Outlook
Social partner training provision	Heavy reliance on public sector Reliance on public sector and Community funding Proximity to trainees, particularly groups at risk	Social autonomy and responsibility Integration and occupational differentiation Integrated solutions based on cooperation, complementarity and location	Facilitators and coaches are the most common internal profiles Management, coordination and ensuring accord of local supply and demand Specialisation and professionalisation of trainers in accordance with local needs to minimise over-generalisation and excessive mobility	Specialist professional non-profit organisations Emergence of new skills and training profiles focused on dissemination and transfer of practices

3.3. Training provision within and between firms

Training market	Principal characteristics	Training challenges	Roles of training professionals	Outlook
Firms' training provision	Training as part of a solution Training of value for competitiveness and development	Training skills to transfer rapidly from central departments to the workplace Training focused on learning teams Workplace location generates new learning strategies and methodologies (learning bays)	Consultancy Coaching (the trainer as model) Mentoring Team supervisors and managers are 'natural' trainers	The training professional as facilitator for transfer of good practice The trainer as support and consultant for benchmarkers The trainer as coach for joint learning teams

3.4. E-learning and knowledge networks

Training market	Principal characteristics	Training challenges	Roles of training professionals	Outlook
E-learning and knowledge networks	Individuals and learning teams are the main focus for dissemination of knowledge Informal and joint training using media facilities and new skills and knowledge associated with the 'new economy'	Validation of skills acquired in new learning contexts How can people learn in virtual, disruptive and unstructured environments?	New challenges for tutoring and mentoring The informal trainer as partner in a learning contract? The training professional must be perceived as someone belonging to the culture and context of those who are learning in these environments	In-house and on-the-job learning supported by local, natural networks will constitute the most invigorating types of continuing training managed by firms' own networks Will there be a need and place for a training professional in these learning environments?

Breakdown of skills of Portuguese training professionals

Breakdown of some sample skills by training profile, method and field:

TRAINING PROFILE	Fields of training / Methods of training	Classroom training	Training in a work context	Open and distance learning	Informal training and self-study
TRAINING MANAGER	Analysis of needs	Identify critical skills required for strategic objectives			
	Forward- looking management of benchmarks and curricula				
TRAINING DESIGNER	Design of curricula			Design of learning objectives	
	Design of content		Design of working aids		
	Design of teaching	Planning of learning units			
	Design of assessment	Setting criteria and design of assessment test		Design of items for assessment with feedback	
TRAINING COORDINATOR	Coordination of trainers	Ensure communication between trainers			
	Production and dissemination of materials				Disseminate dossier of working aids
	Management of training logistics		Organise hierarchy for supervision of training	Ensure reliability of net platform and links	
TRAINER TUTOR MENTOR	Coordination and coaching of trainees	Lead a consolidation discussion			
	Distribution and management of trainees	Prepare, apply and exploit results of a test		Encourage discussion forum	
	Design and dissemination of presentations				Encourage journal club
TRAINING QUALITY AUDITOR	Assessment of training impact		Measure the return on training investment		

Balance of cross-disciplinary skills of a training professional — an approximation

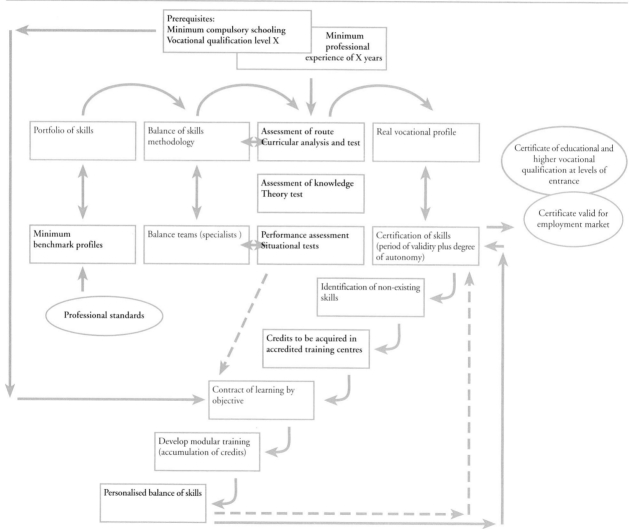

Comments on the model for the balance of cross-disciplinary skills for professional trainers

There is an urgent need for a system that will allow the training of training professionals to be assessed on the basis of skills and competences. This assessment must be linked to curricula which are designed with specific objectives in mind and that are flexible in terms of momentum, method and means of learning, so as to ensure that these skills are duly recognised.

At the same time, priority should be given to establishing mechanisms for recognising and validating clusters of skills acquired by training professionals in an actual working and training environment and/or informally. For this, transparent, coherent instruments should be used, that are technically valid, officially recognised and authorised by the vocational training markets.

The model outlined above is intended as a contribution in this direction. It may be further developed through extensive discussion at national level linked to transnational networks such as the TTnet, whose mission it is to identify, disseminate and transfer successful national practices for the assessment of skills and competences. The above model was inspired by practices derived from the French *bilan de compétences* model, the British 'accreditation of prior learning' (APL) method and the Dutch 'benchmark test'.

The model's efficacy may be validated by longitudinal analysis of the employability of the human resources trained using methods of training by objective — and by the assessment of results through balance of skills methodologies or skill evaluation — and comparing it with the employability of persons trained in conventional environments.

In order to encourage and gain the approval of training professionals and training providers for an experimental balance of skills model involving training by objective and the accumulation of benchmarked credit units, consideration might be given to the possibility of introducing bonuses and/or tax incentives for individuals and organisations using this system.

6

Bibliography

- Bjørnåvold, Jens, *Assessing non-formal learning: European developments and paradoxes* (paper presented to the TTnet workshop, May 2000).
- Feutrie, Michael, *Identification, validation et accréditation de l'apprentissage antérieur et informel*, Cedefop Panorama, Office for Official Publications of the European Communities, Luxembourg, 1998.
- Guerra, Maria Filomena, *Processos de reconhecimento e validação de competencias*, Ministry of Education (Educação/Formação 5), Lisbon, 1998.
- Guittet, André, *Développer les compétences par une ingénierie de la formation*, 2nd ed. ESF, Paris, 1998.
- Holloway, Jacky; Lewis, Jenny; Mallory, Geoff, *Performance measurement and evaluation*, Sage, London, 1995.
- Jolis, Nadine, *Compétences et compétitivité: la juste alliance*, Les éditions d'organisation, Paris, 1998.
- Kamarainen, Pekka, *A new approach for linking 'key qualifications' to the renewal of qualification and curriculum frameworks* (paper presented to European seminar on key qualifications: from theory to practice, Sintra, June 2000).
- Kirkpatrick, Donald L., *Evaluating training programs: the four levels*, 2nd ed. Berett-Koethler, San Francisco, 1998.
- Leboterf, Guy, *L'ingénierie des compétences*, Les éditions d'organisation, Paris, 1998.
- Levy-Leboyer, Claude, *La gestion des compétences*, Les éditions d'organisation, Paris, 1996.
- Nyhan, Barry, *Promoting learning in and for organisational contexts — the development of 'key qualifications/competences'* (paper presented to the European seminar on key qualifications: from theory to practice — Sintra, June 2000).
- OECD, *Assessing and certifying occupational skills and competences in vocational education and training / Qualifications et compétence professionnelles dans l'enseignement technique et la formation professionnelle: évaluation et certification*, Paris, 1996.
- OECD, *Prepared for life? How to measure cross-curricular competencies / Prêts pour l'avenir? Comment mesurer les compétences transdisciplinaires*, Paris, 1997.
- Paul, Jean-Jacques (et.al), *Les transformations des compétences du personnel technico-commercial, une société basée sur les connaissances*, Cedefop, Thessaloniki, 1998.
- Rothwell, William J. (et al.), *ASTD models for human performance: roles, competencies and outputs*, ASTD, Alexandria, 1997.
- Rothwell, William J.; SREDL, Henry J, *The ASTD reference guide to professional resource development roles and competencies*, ASTD, Amherst, 1987.

Annex

Glossary on identification, assessment and recognition of qualifications and competences and transparency and transferability of qualifications [8]

Introduction

Concepts are social constructs, which always reflect a certain language, culture and level of knowledge and experience. At the same time, concepts shape our comprehension of the world and influence what we do and do not see. It is important to keep this in mind when reading this glossary, in which all the concepts deal with learning and products of learning.

The glossary is divided into five parts (only Part IV is included in this Annex):

1. general terms linked to knowledge and learning;
2. terms linked to skill, qualification and competence;

3. terms linked to basic skills and key/core competences;
4. terms linked to identification, assessment and recognition of competences;
5. terms linked to transparency and transferability of qualifications.

The basic concepts defined below are perceived as potential obstacles to effective communication between those working in the specific area. The aim of this short glossary is to propose definitions whose scope can be generally accepted, irrespective of the various national or regional contexts. **We are fully aware that the choices made here are open to discussion; it is not possible to propose universally accepted definitions of key concepts such as competence, qualification or skill.**

I. Defining knowledge and learning

Knowledge

In this glossary, knowledge is used as a general point of departure. It is important to emphasise the heterogeneous character of human knowledge. Knowledge is not only about what is true and false (in nature), it is also about what is right and wrong (in

---

[8] Extract from the publication *Making learning visible: identification, assessment and recognition of non-formal learning in Europe,* Cedefop, 2000.

society, among humans) and what is authentic or not (in art, etc.). This implies that the criteria used to judge knowledge will vary. The definitions proposed also underline that expressions of knowledge also vary. They can be explicit through speech or writing, but they can also be implicit or tacit. The concepts of competence, qualification and skill may be understood as different ways of expressing how knowledge is linked to a social context, for example education, work, etc.

Learning

Learning is commonly perceived as a cumulative process by which individuals acquire and internalise units of knowledge. Following this perception, definitions of learning frequently focus on the processes linked to individual encoding, storage and retrieval of knowledge. Conceiving learning as a social practice or as **changing participation in changing practices** increasingly challenges this approach. This perception emphasises the importance of the learning context. Professional learning, for example, is not only a question of internalising abstract units of knowledge, it is also about the forming of a social identity, through participation in a professional context. While the former approach tends to reduce learning to a mental process, the latter underlines the intrinsic relationship between subject and society, between individual and context.

Furthermore, the word 'learning' designates both the process and the outcome of learning.

IV. Defining identification, assessment and recognition of competences

1. Introduction

Review of the literature shows a clear lack of consistency concerning the use of terminology linked to the recognition of competences. Two main approaches can be differentiated:

(a) the aspect of **formal recognition** covers identification, assessment as well as accreditation of competences. In this context, the aim of recognition is to make individuals' qualifications as visible as possible, both formally (through diplomas or certificates) and institutionally/socially (recognition on the labour market);

(b) the aspect of **social/vocational recognition** (de facto) facilitates professional guidance, job seeking, career development, or supports vocational promotion. This form of recognition takes into account training-based competences and alternance training. Social/vocational recognition facilitates the transferability of competences in organisations.

2. Identification of competences

Identification of competences aims to specify/define the elements of competence either imbedded in a (group of) individual(s) or specific to a job/training, irrespective of the way these competences have been acquired.

3. Assessment of competences

Assessment of competences can be carried out through different procedures:

(a) competences gained through **non-formal/informal learning** (see Part I above) can be appraised through different methods and using different criteria or points of reference according to the level of operation (company/sector/public authority) and control (labour market or education system);

(b) competences acquired through **formal learning** are identified in the framework of assessment procedures (testing/examination) leading to certification (i.e. awarding of a diploma, degree or certificate).

4. Accreditation of competences

Competences can be accredited in two ways:

(a) **validation of non-formal or informal competences** consists of attesting that an individual has acquired the competences required for a particular occupation, irrespective of the context (validation can be followed by a more formal form of accreditation, i.e. by granting equivalence or credit units for individuals entering a formal training action, or by issuing certificates);

(b) **certification of formally gained competences**, a process by which training institutions or education authorities give a formal value to competences acquired by individuals in the framework of formal training actions by awarding them certificates, titles or diplomas.

identification (of competences)	*The process of specifying and defining the boundaries and content of competences.*
DE: Ermittlung (von Kompetenzen) FR: identification (des compétences)	**Comments:** this term applies both to formally acquired competences (in the framework of training leading to a certification) and to informal or non-formal competences.
assessment (of competences)	A general term embracing all methods used to appraise/judge performance of an individual or a group.
DE: Bewertung, Evaluation (von Kompetenzen) FR: évaluation (des compétences)	**Comments:** assessment is a form of judgment that may concern either the student or the trainer/teacher, but also the training methods (assessment of training methods is sometimes referred to as evaluation). The related term *test* is normally used to describe an assessment conducted within formal and specified procedures designed to ensure high reliability.
	Related terms: test, examination, evaluation
recognition (of competences)	(a) The overall process of granting official status to competences, gained either formally (by awarding certificates) or informally (by granting equivalence, credit units, validation of gained competences) (formal recognition);
DE: Anerkennung (von Kompetenzen) FR: reconnaissance (des compétences)	**or/and**
	(b) the acknowledgement of the value of competences by economic and social stakeholders (social recognition).
	Comments: recognition of competences is distinct from **recognition of qualifications** (which refers to the recognition of diplomas awarded in another country).

accreditation (of competences) DE: 'Akkreditierung' (von Kompetenzen) FR: 'accréditation' / validation (des compétences)	The process of attributing/providing formal evidence of value to competences, irrespective of the way these competences have been gained. **Comments:** the process of accreditation applies to both non-formal and formal competences. As mentioned in the introduction, accreditation of formal learning may lead to **certification** whereas accreditation of non-formal/informal (e.g. work-based) learning may lead to **validation** (issuing of documents such as portfolios of competences) or to a more formal way of accreditation (granting of equivalence, credit units, validation of gained competences, etc.). A certification process (see definition below) may follow accreditation of non-formal or informal learning. The concept of 'accreditation of competences' is mainly used in the UK, as well as by the European Commission.
certification (of competences) DE: Zertifizierung FR: certification	The process of issuing certificates or diplomas which formally recognise the achievements of an individual (adapted from the European Training Foundation).
validation (of non-formal learning) DE: Validierung nicht-formalen lernens FR: validation de l'apprentissage non formel	As opposed to formal certification, validation of non-formal learning refers to the process of assessing and recognising a wide range of skills and competences which people develop through their lives and in different contexts, for example through education, work and leisure activities (adapted from *The International encyclopaedia of education*, p. 663). **Comments:** validation usually refers to the process of recognising a wider range of skills and competences than is normally the case within formal certification, which does not rule out a formal certification. Accreditation of non-formal learning, carried out by an independent body, can lead to formal (or partial) qualification, or entitle individuals to credit units. In the UK and Ireland, the concept of accreditation of prior learning (APL) is broadly used.
certificate (of qualification)/ diploma/degree DE: Abschlußzertifikat / Befähigungsnachweis / Diplom FR: diplôme / titre homologué/ certificat de qualification professionnelle de branche	An official document which formally records the achievements of an individual (European Training Foundation). The official proof of a qualification acquired by a pupil or student after passing an examination or it testifies to completion of a course of training (Euridyce). **Note:** in English, some authors distinguish between three levels of hierarchy for academic awards: degree — full university (normally graduate but also post-graduate Masters or Ph.D.) qualification — e. g. Bachelor of Arts — normally entails three or four years' study; diploma — inferior to a degree (even though it can be a post-graduate qualification) — one or two years' study normally; and, certificate — lowest level (can be just one year's study).
accreditation (of training/of a training organisation) DE: (Staatliche) Anerkennung von Bildungsabschlüssen / Anerkennung von Ausbildungsinstitutionen FR: homologation des titres et des diplômes / habilitation, agrément ou reconnaissance des établissements	The process of granting accredited status to a training organisation and/or to training.

Validation of competences and the professionalisation of teachers and trainers

In 1998, Cedefop created the training of trainers network (TTnet) as a Community forum for communication, cooperation and expertise in the field of training for teachers and trainers of vocational training. This forum focuses on innovation and seeks to meet real needs from a 'market' perspective.

The TTnet dossiers are intended to make available to those active in the field of training of trainers — policy-makers, research and documentation centres, trainers' professional bodies — the findings of the various TTnet projects and thus to contribute to the Community-wide debate on the training of trainers.

Dossier No 5 presents the results of a thematic workshop 'Validation of experience and professionalisation of trainers', organised during the Portuguese Presidency of the European Union, which brought together experts and practitioners from various Member States to discuss the following issue: under what conditions the validation of knowledge gained through experience can be considered a professionalising factor for teachers and trainers, in the sense of creating a better link both between experience and training and between vocational training and qualifications.

The results of these discussions will be considered a starting point for the more detailed work to be carried out by the TTnet in 2002–03.

Cedefop
European Centre for the Development
of Vocational Training

TTnet Dossier No 5
**Validation of competences and the professionalisation
of teachers and trainers**

Anne de Blignières-Légeraud
Jens Bjørnåvold
Anne-Marie Charraud
Françoise Gérard
Stamatina Diamanti
Alfred Freundlinger
Ellen Bjerknes
Horacio Covita

Luxembourg:
Office for Official Publications of the European Communities

2002 — VI, 172 pp. — 21 x 21 cm

(Cedefop Reference series; 32 – ISSN 1608-7089)

ISBN 92-896-0121-3

Cat. No: TI-42-02-876-2A-C

Price (excluding VAT) in Luxembourg: EUR 25

No of publication: 3024

TTnet dossier n° 5

**Validation des acquis
et professionnalisation des enseignants et formateurs**

Cedefop Reference series; 32
Luxembourg: Office des publications officielles des Communautés européennes, 2002

De nombreuses autres informations sur l'Union européenne sont disponibles sur Internet via le serveur Europa (http://europa.eu.int).

Une fiche bibliographique figure à la fin de l'ouvrage.

Luxembourg: Office des publications officielles des Communautés européennes, 2002

ISBN 92-896-0121-3
ISSN 1608-7089

Printed in Italy

Le **Centre européen pour le développement de la formation professionnelle** (Cedefop) est le centre de référence de l'Union européenne pour la formation et l'enseignement professionnels. Nous livrons des informations et des analyses sur les systèmes et les politiques de formation et d'enseignement professionnels, ainsi que sur la recherche et la pratique dans ce domaine.
Le Cedefop a été créé en 1975 par le règlement (CEE) n° 337/75 du Conseil.

Europe 123
GR-57001 Thessaloniki (Pylea)

Adresse postale:
PO Box 22427
GR-55102 Thessaloniki
Tél. (30) 310 490 111
Fax (30) 310 490 020
E-mail: info@cedefop.eu.int
Page d'accueil: www.cedefop.eu.int
Site web interactif: www.trainingvillage.gr

Anne de Blignières-Légeraud (université Paris-Dauphine), France
Jens Bjørnåvold (Cedefop)
Anne-Marie Charraud (ministère de l'emploi et de la solidarité), France
Françoise Gérard (Centre INFFO), France
Stamatina Diamanti (Ekepis), Grèce
Alfred Freundlinger (IBW), Autriche
Ellen Bjerknes (Institut Akershus), Norvège
Horacio Covita (Inofor), Portugal

Sous la direction de:
Cedefop
Mara Brugia, responsable de projet

Publié sous la responsabilité de:
Johan van Rens, directeur
Stavros Stavrou, directeur adjoint

Sommaire

Annexe

Préface

Les systèmes traditionnels de validation et de certification professionnelles sont aujourd'hui interpellés sur leur capacité à reconnaître les acquis de l'expérience comme partie intégrante de la formation et de la qualification.

Selon le livre blanc de la Commission européenne «Enseigner et apprendre — Vers la société cognitive», la reconnaissance des acquis est l'une des clés du concept de formation tout au long de la vie:

«La valorisation du savoir acquis par l'individu tout au long de la vie suppose d'ouvrir des modes nouveaux de reconnaissance des compétences au-delà du diplôme et de la formation initiale [...]»

La question de la validation des acquis dans les métiers de la formation n'est intervenue que récemment dans le débat national et communautaire.

Celle-ci ne peut être approchée que dans le cadre du système de validation et de certification professionnelles du pays concerné. Par ailleurs, elle se pose différemment pour les enseignants de la formation professionnelle initiale, dont l'accès à la profession est réglementé, et pour les formateurs de la formation professionnelle continue, pour lesquels l'accès à la qualification s'opère davantage sur des bases non réglementaires.

Les travaux réalisés dans la matière montrent que les États membres sont à la recherche de procédures permettant de valider les acquis d'expérience comme élément de la qualification des formateurs, d'où l'actualité transnationale de ce thème.

Depuis le début de l'année 2000, le réseau TTnet *(Training of Trainers Network)*, conscient de l'importance des enjeux pour les enseignants et les formateurs liés à la reconnaissance des acquis de l'expérience, a organisé une série d'activités sur les différents aspects de la problématique en question. Dans ce cadre, l'atelier thématique sur «la validation des acquis et la professionnalisation des formateurs», organisé dans le cadre de la présidence portugaise de l'Union européenne, a réuni experts et praticiens des différents États membres autour de la question suivante: À quelles conditions la validation des acquis d'expérience peut-elle être considérée comme facteur de la professionnalisation des enseignants et des formateurs, dans le double sens d'une meilleure articulation entre l'expérience et la formation et entre la formation et la qualification?

Le dossier n° 5 présente les résultats de cet atelier, réunissant une série d'interventions thématiques destinées à situer la question selon différents regards: l'approche de la problématique du thème sur le plan communautaire ainsi que des contributions nationales en la matière.

Les résultats de ces débats sont à considérer comme le point de départ d'un travail plus approfondi qui sera mené par le réseau TTnet au cours de la période 2002-2003 sur ce même thème.

Mara Brugia
Coordinatrice de réseau

Stavros Stavrou
Director adjoint du Cedefop

I. Introduction

Anne DE BLIGNIÈRES-LÉGERAUD
Université Paris-Dauphine

Introduction

Ce cinquième «dossier TTnet» réunit les communications de l'atelier qui s'est tenu en mai 2000 à Lisbonne sur la validation des acquis des enseignants et formateurs de la formation professionnelle. Deux de ces communications sont consacrées à des approches de la problématique du thème sur le plan européen, les cinq autres présentant des contributions nationales en la matière.

1.1. Actualité du thème

La question de la validation des acquis dans les métiers de la formation s'inscrit dans un débat plus vaste, portant sur la validation de l'expérience elle-même dans le champ de la formation professionnelle.
En effet, les systèmes de validation sont longtemps restés définis comme des sanctions d'un parcours de formation matérialisée par un diplôme ou une certification. Plusieurs facteurs contribuent aujourd'hui à remettre en cause cette conception des choses, pour y inclure d'autres paramètres, issus des apprentissages «non formels».
C'est ainsi que la notion de «formation tout au long de la vie» appelle une articulation renforcée entre

différentes formes d'apprentissage, à différents stades des parcours individuels, autorisant à valider comme partie intégrante d'une formation des savoirs et savoir-faire acquis sur le terrain.

Par ailleurs, l'importance du taux de population active sans qualification reconnue dans nombre de pays de la Communauté renforce l'enjeu social de cette reconnaissance des acquis issus de l'expérience comme facteur d'«employabilité» et de mobilité professionnelle des individus.

Enfin, la reconnaissance communément admise du caractère «apprenant» du travail et de l'expérience, dans un contexte de forte mutation technologique et organisationnelle, oblige à rechercher des outils de mesure sur ces savoirs et ces qualifications issus de la pratique.

1.2. Particularités du thème pour les enseignants et formateurs

Le problème de la validation des acquis dans le secteur qui nous intéresse ne se pose pas de la même manière selon qu'il s'agit des enseignants ou des formateurs de la formation professionnelle.

L'accès à la qualification d'enseignant, de façon générale, est réglementé et placé sous le contrôle d'une autorité ministérielle. La reconnaissance de la qualification des formateurs, par contre, n'est sous-tendue par aucune autorité sociale, économique ou politique: «La formation continue renvoie à un monde éclaté où interviennent des acteurs distincts, où cohabitent plusieurs autorités qui se sont constituées au fil des ans et des évolutions économiques et sociales» (Anne-Marie Charraud).

Par ailleurs, nombre d'experts s'accordent à reconnaître que la qualification des enseignants de formation professionnelle ne saurait se limiter à une définition purement statutaire, mais doit inclure de nouveaux repères d'identification et d'évaluation des compétences, en cohérence avec une articulation croissante des systèmes de formation aux organisations de travail.

Une problématique différente s'applique aux formateurs de formation continue, pour lesquels la demande de validation des acquis semble s'apparenter à la «recherche d'une reconnaissance de l'activité qu'ils exercent comme autonome et suffisamment spécifique pour être un signal de professionnalité» (Anne-Marie Charraud).

La question des spécificités nationales

L'attitude des pays de la Communauté européenne, face à la question générale de la validation des acquis, est loin d'être homogène. Jens Bjørnåvold distingue ici cinq attitudes différentes:

a) l'*approche duale* (Allemagne et Autriche), qui a réussi une étroite concertation entre le monde économique et celui de la formation, ne fait pas actuellement de la validation des acquis dans le cadre de la formation professionnelle continue une question prioritaire;

b) l'*approche méditerranéenne* (Grèce, Espagne, Italie et Portugal), sous-tendue par une forte demande d'ouverture aux méthodologies et aux systèmes d'apprentissage non formels comme condition de promotion de la qualité, soulève la question du véritable impact des actions législatives et politiques déjà menées en ce sens;

c) l'*approche nordique* (Danemark, Finlande, Norvège et Suède*)*, privilégiant une stratégie générale d'éducation et de formation tout au long de la vie, intègre déjà les apprentissages non formels comme une donnée incontournable du développement;

d) l'*approche «NVQ»* (Irlande, Pays-Bas et Royaume-Uni), où prédominent les modèles d'enseignement et de formation axés sur les résultats et fondés sur la performance, traite à égalité, comme facteur d'acquisition des compétences, les parcours formels ou non formels de formation;

e) l'*approche «ouverte»* (France et Belgique), caractérisée par l'intégration dans le système national d'enseignement et de formation des compétences acquises hors des établissements formels, intègre à la fois une plus grande souplesse dans le mode d'obtention des diplômes et des titres et la création de nouvelles qualifications de branche sans l'intervention de l'État.

Points clés d'une problématique européenne

Le statut et les filières de formation des enseignants et formateurs de formation professionnelle relevant des compétences exclusives des États et des organisations nationales, l'intervention européenne relève davantage du soutien déjà entrepris aux meilleures expérimentations méthodologiques et institutionnelles, et à leur diffusion transnationale, que de la création de normes et références communes.

Il y a cependant matière pour un travail complémentaire commun, portant sur deux questions essentielles:

a) la *définition de points de référence et de critères d'appréciation objectifs,* susceptibles d'opérer comme «signal» de la vraie qualification, prenant en compte les modalités particulières de construction de l'identité professionnelle des enseignants et des formateurs, ainsi que la nature contextuelle des apprentissages et le caractère tacite des compétences acquises;

b) la *reconnaissance de la qualification de l'enseignant et du formateur,* indicateur de positionnement du service assuré, selon des objectifs clairement identifiés au niveau communautaire et directement assimilables au sein des divers systèmes nationaux.

II. La validation des acquis expérientiels et professionnels en Europe

Jens BJØRNÅVOLD [9]
Cedefop — Centre européen pour le développement de la formation professionnelle

Sommaire

---

[9] Cette contribution est reprise de la publication *Assurer la transparence des compétences*, Cedefop, 2000.

Synthèse

La présente contribution aborde la question des moyens à mettre en œuvre pour améliorer la *visibilité* de l'apprentissage effectué hors des établissements d'enseignement et de formation formels. Si l'apprentissage effectué dans les systèmes d'enseignement et de formation formels est une caractéristique distinctive des sociétés modernes, l'apprentissage non formel est beaucoup plus difficile à détecter et à apprécier [10]. Ce manque de visibilité est de plus en plus perçu comme un problème qui nuit au développement des compétences à tous les niveaux, de celui de l'individu à celui de la société dans son ensemble.

Ces dernières années, la plupart des États membres de l'Union européenne ont mis l'accent sur le rôle crucial de l'apprentissage externe et complémentaire à l'enseignement et à la formation formels. Cet accent particulier s'est traduit par un nombre croissant

---

[10] L'expression «apprentissage non formel» englobe l'acquisition informelle de savoirs, qui peut être décrite comme un apprentissage non planifié dans des situations de travail et ailleurs, mais aussi les démarches d'apprentissage planifiées et explicites introduites dans les organisations et ailleurs, qui ne sont pas reconnues au sein du système d'enseignement et de formation formels.

d'initiatives, tant au niveau des politiques qu'à celui des pratiques, qui ont permis de passer progressivement de la simple expérimentation à un début de mise en œuvre.

L'identification, l'évaluation et la reconnaissance des acquis non formels doivent reposer sur des méthodologies simples et peu onéreuses et sur une notion claire du partage des responsabilités institutionnelles et politiques. Mais, avant tout, ces méthodologies doivent pouvoir offrir ce qu'elles promettent d'offrir, la qualité de la «mesure» étant à cet égard déterminante. Le rapport vise à clarifier, grâce à un premier examen théorique du sujet, les conditions requises pour parvenir à des solutions pratiques efficaces.

1.1. La nature de l'apprentissage

Lorsqu'on aborde les questions liées à l'identification et à l'évaluation des acquis non formels, il est impératif de tenir compte de la nature *contextuelle* de l'apprentissage. Lorsque celui-ci s'effectue dans des contextes sociaux et matériels, les savoirs et les compétences sont dans une large mesure le résultat de la participation à des «communautés de pratiques».

L'apprentissage ne peut être réduit à la réception passive de «morceaux» de savoir. Cette perspective met l'accent non seulement sur la nature relationnelle (rôle de l'individu au sein d'un groupe social), mais aussi sur la nature négociée, engagée et responsabilisante de l'apprentissage (caractère communicatif du processus). L'apprenant acquiert la compétence nécessaire pour agir en s'impliquant dans un processus cognitif permanent. Dès lors, l'apprentissage n'est pas seulement une reproduction, mais également une reformulation et un renouvellement des savoirs et des compétences.

Les résultats des processus cognitifs, ce que nous appelons «compétences», sont en partie de nature *tacite*; en d'autres termes, il est difficile de verbaliser et de délimiter chacune des étapes ou des règles intrinsèques à une compétence donnée. Dans certains cas, les individus ne sont même pas conscients qu'ils possèdent telle ou telle compétence; cet aspect doit impérativement entrer en ligne de compte dans l'évaluation des acquis non formels et doit se refléter dans les méthodologies. La plus grande part des savoir-faire que nous détenons ont été acquis par la pratique et l'expérience laborieuse. Un menuisier expérimenté sait utiliser un outil d'une manière qui échappe à la verbalisation. En règle générale, nous considérons tellement ces savoir-faire comme allant de soi que nous ne mesurons pas à quel point ils sont omniprésents dans nos activités.

1.2. Exigences méthodologiques

L'important est de déterminer s'il est possible de développer des méthodologies permettant d'appréhender les compétences en question (contextuellement spécifiques et en partie tacites). Alors qu'il reste encore beaucoup de chemin à parcourir pour développer des méthodologies spécifiques d'évaluation des acquis non formels, le testage et l'évaluation au sein de l'enseignement et de la formation formels ont déjà une longue tradition de pratique, de recherche et de théorie. L'extension actuelle de l'évaluation à la sphère du travail et des loisirs est inévitablement liée à cette tradition. Nous pouvons supposer que les nouvelles approches s'inspirent dans une très large mesure des méthodologies développées dans les domaines d'apprentissage plus structurés du système scolaire formel. Du moins pouvons-nous supposer que certains des défis et des problèmes sont similaires dans les deux domaines d'apprentissage.

Dans l'enseignement et la formation formels, l'évaluation remplit deux fonctions principales. La *fonction formative* vise à soutenir le processus cognitif. Aucun système ne peut fonctionner correctement sans une information fréquente sur le déroulement même du processus. Cet aspect est important tant dans les salles de cours que dans les entreprises; plus le contexte est variable et imprévisible, plus le retour d'informations est nécessaire. Dans l'idéal, l'évaluation devrait offrir un retour d'informations à court terme, afin que les déficiences de l'apprentissage soient immédiatement identifiées et corrigées. La *fonction sommative* vise à attester l'accomplissement d'une séquence d'apprentissage. Bien que cette attestation puisse revêtir diverses formes (certificats, diplômes, bilans, etc.), le but est uniformément de faciliter le passage d'un niveau ou d'un contexte à un autre (d'une classe à une autre, d'un établissement à un autre ou de l'école au travail). Ce rôle peut également être formulé en termes de sélection et de moyen de contrôler l'accès aux niveaux, aux fonctions et aux professions.

La confiance accordée à une démarche spécifique d'évaluation est généralement liée aux critères de *fiabilité* et de *validité*. La fiabilité de l'évaluation dépend de la possibilité de reproduire les mêmes résultats lors d'un nouveau test évalué par des personnes différentes. À maints égards, la validité peut être considérée comme un concept et une préoccupation plus complexes que la fiabilité. Un point de départ pourrait être de déterminer si l'évaluation mesure effectivement ce qu'elle était censée mesurer lorsqu'elle a été préparée. L'authenticité est un aspect fondamental; un haut degré de fiabilité n'a que peu de valeur si le résultat de l'évaluation présente une image déformée du domaine et du candidat en question. Cependant, les concepts de fiabilité et de validité sont dépourvus de sens s'ils ne sont pas liés à des *points de référence,* à des *critères d'appréciation* et/ou à des *normes de performance,* etc. Il est possible d'identifier deux principes essentiels utilisés pour établir ces points de référence et/ou ces critères. Dans l'enseignement et la formation formels, la référence à la norme (par rapport au contexte du groupe considéré) est communément utilisée. La seconde manière d'établir un point de référence est d'associer une performance donnée à un critère donné. Pour élaborer des tests critériels, il faut tout d'abord identifier un domaine de savoirs et de compétences, puis établir des critères généraux sur la base de la performance observée dans ce domaine spécifique.

L'expérience en matière de tests acquise dans le système formel peut nous aider à formuler un certain nombre de questions et de thèmes applicables au domaine de l'apprentissage non formel:

a) Quelles fonctions, formatives ou sommatives, doivent remplir les nouvelles méthodologies (et les nouveaux systèmes institutionnels) d'identification, d'évaluation et de reconnaissance des acquis non formels?

b) La diversité des processus cognitifs et des contextes d'apprentissage pose la question de savoir s'il est possible de parvenir au même type de fiabilité dans ce domaine et dans l'enseignement et la formation formels.

c) La nature contextuelle et (en partie) tacite de l'apprentissage rend plus complexe la quête de la validité, et il convient de déterminer si les méthodologies sont correctement conçues et construites pour gérer cette difficulté.

d) La question des points de référence («normes») est un problème clé à prendre en compte. Il convient de déterminer si les limites des domaines (y compris l'«étendue» et le contenu des compétences) sont correctement définies.

La question de savoir si l'évaluation des acquis non formels implique l'introduction de nouveaux outils et instruments ou si nous parlons d'anciennes approches pour relever de nouveaux défis demeure ouverte. Il y a lieu de penser que, dans une certaine mesure, nous assistons tout au moins à un transfert de méthodologies traditionnelles de testage et d'évaluation dans ce nouveau domaine.

<table>
<tr><td>1.3.</td><td>Exigences institutionnelles et politiques</td></tr>
</table>

1.3.   Exigences institutionnelles et politiques

Le rôle que sont appelés à jouer les systèmes d'évaluation et de reconnaissance des acquis non formels ne peut être limité à la question de la qualité des méthodologies. Bien que des méthodologies fiables et valides soient importantes, elles ne suffisent pas à garantir que l'évaluation recevra la confiance et l'acceptation des individus, des entreprises et/ou des établissements d'enseignement. Cela est particulièrement vrai lorsqu'on attribue à l'évaluation un rôle sommatif, offrant une preuve de compétence aux individus en position de concurrence sur le marché du travail ou pour l'accès aux établissements d'enseignement. Un certain nombre de conditions préalables, d'ordre politique et institutionnel, doivent être remplies pour qu'une valeur réelle puisse être attribuée à une évaluation donnée. Cela peut être réalisé en partie au moyen de décisions politiques qui garantissent la base légale des initiatives, mais ces décisions politiques devraient être complétées par un processus dans lequel doivent être clarifiées les questions de «participation active» des acteurs concernés, de «contrôle» et d'«utilité». De la sorte, l'évaluation des acquis non formels sera appréciée en fonction de critères techniques et instrumentaux (fiabilité et validité) et de critères normatifs (légalité et légitimité). En outre, l'acceptation de l'évaluation des acquis non formels est une question non seulement de statut légal, mais aussi de légitimité.

2

Expériences nationales et européennes

La situation européenne est présentée à partir d'exemples empruntés à cinq groupes de pays et des activités menées au niveau de l'UE. Bien que les pays constituant chacun de ces groupes présentent certaines différences dans leurs approches et dans leurs choix méthodologiques et institutionnels, la proximité géographique et les similitudes institutionnelles semblent favoriser un apprentissage mutuel et, dans une certaine mesure, la recherche de solutions communes.

2.1. Allemagne et Autriche: l'approche duale

Les approches allemande et autrichienne en matière d'identification, d'évaluation et de reconnaissance des acquis non formels présentent de nombreuses similitudes. Il est intéressant de noter que les deux pays dans lesquels l'apprentissage par le travail a été le plus systématiquement intégré à l'enseignement et à la formation (dans le cadre du système dual) ont jusqu'ici manifesté une forte réticence à suivre cette nouvelle tendance. D'un côté, cela reflète le succès du système dual, qui est généralement perçu comme efficace tant

en termes de pédagogie (combinaison d'apprentissage formel et expérientiel) qu'en termes de capacité (forte proportion d'accueil des divers groupes d'âge). D'un autre côté, compte tenu de la nette priorité accordée à la formation initiale, le système dans sa forme actuelle ne semble que partiellement capable d'étendre ses fonctions à la formation professionnelle continue et de répondre aux besoins de formation plus diversifiés des adultes. Néanmoins, nous observons une activité intense d'expérimentation basée sur les projets et un intérêt accru pour ces questions. Le débat sur la reconnaissance des acquis non formels en Allemagne et en Autriche est étroitement lié à celui de la modularisation de l'enseignement et de la formation.

2.2. Grèce, Espagne, Italie et Portugal: l'approche méditerranéenne

En Grèce, en Espagne, en Italie et au Portugal, l'attitude vis-à-vis de l'introduction de méthodologies et de systèmes d'apprentissage non formel est généralement positive. Dans les sphères tant publiques que privées, l'utilité de telles pratiques est clairement exprimée. L'immense réservoir d'acquis non formels qui constitue la base d'importants segments de l'économie dans ces pays doit être rendu visible. Il s'agit non seulement de faciliter l'utilisation des compétences existantes, mais également d'améliorer la qualité de ces compétences. Les méthodologies d'évaluation et de reconnaissance des acquis non formels peuvent être considérées comme des outils permettant d'améliorer cette qualité non seulement pour les travailleurs et les entreprises, mais aussi pour des pans entiers de l'économie. La situation dans ces pays met également en évidence la longueur du chemin qu'il reste à parcourir pour passer de l'intention à la mise en œuvre. Les actions législatives et politiques ont été menées au moyen de réformes éducatives d'étendue variable, mais l'introduction effective de pratiques d'évaluation et de reconnaissance n'a guère progressé. Les années à venir nous diront si les intentions positives exprimées presque unanimement dans ces quatre pays seront traduites en pratique, ayant des effets et une utilité réels pour les individus et les entreprises.

2.3. Danemark, Finlande, Norvège et Suède: l'approche nordique

Il n'est pas possible de parler d'un «modèle nordique», du moins pas au sens strict. Le Danemark, la Finlande,

la Norvège et la Suède ont opté pour des approches différentes et progressent à des rythmes sensiblement différents. En dépit de ces différences, ces quatre pays ont entrepris des actions pratiques, grâce à des initiatives législatives et institutionnelles, en vue de renforcer les liens entre l'enseignement et la formation formels et l'apprentissage effectué hors des établissements scolaires. Même si certains des éléments inhérents à cette stratégie sont plus anciens, les initiatives les plus importantes ont été prises ces dernières années, essentiellement depuis 1994/1995. L'apprentissage mutuel entre ces pays est important et il s'est encore renforcé au cours des deux ou trois dernières années, comme l'atteste notamment l'influence des approches finlandaise et norvégienne sur les textes suédois récents. Il est manifeste que la Finlande et la Norvège s'ouvrent à l'intégration institutionnelle de l'apprentissage non formel dans une stratégie générale d'éducation et de formation tout au long de la vie. Les projets présentés au Danemark et en Suède indiquent que ces deux pays progressent dans la même direction et que la question de l'apprentissage non formel se verra accorder une priorité accrue au cours des prochaines années.

2.4. Irlande, Pays-Bas et Royaume-Uni: l'approche «NVQ»

En Irlande, aux Pays-Bas et au Royaume-Uni, la tendance est nettement à l'acceptation d'un modèle d'enseignement et de formation axé sur les résultats et basé sur la performance. L'une des caractéristiques fondamentales de ces pays est que l'apprentissage effectué hors des établissements d'enseignement et de formation formels y est globalement reconnu comme un parcours aussi valide et important que les parcours formels d'acquisition de compétences. Cependant, ce qui est mis en doute, c'est la manière dont on peut réaliser un tel système. Les expériences britanniques et néerlandaises mettent en évidence certains des problèmes institutionnels, méthodologiques et pratiques liés à l'établissement d'un système capable d'intégrer l'apprentissage non formel dans son propre cadre. La difficulté de développer une norme de qualification acceptable semble constituer le premier, et peut-être le plus sérieux, des obstacles. Dès lors que l'évaluation est censée être critérielle, la qualité de la norme est cruciale. Les expériences britanniques mettent en évidence certaines des difficultés liées à la recherche d'un équilibre entre des référentiels de compétences trop généraux et trop spécifiques. La seconde difficulté

mise en évidence par les expériences britanniques et néerlandaises, mais qui n'apparaît pas dans les documents dont nous disposons sur les expériences irlandaises, est liée aux questions classiques de la fiabilité et de la validité de l'évaluation. Dans les documents que nous avons consultés, les problèmes sont clairement démontrés, mais les réponses, si elles existent, ne sont pas aussi clairement définies. Ces trois pays possèdent des systèmes de formation et d'enseignement professionnels modularisés, ce qui semble faciliter l'introduction rapide et à grande échelle de méthodologies et d'institutions dans ce domaine.

2.5. France et Belgique: «ouverture» des diplômes et des certificats

À plusieurs égards, la France peut être considérée comme l'un des pays d'Europe les plus avancés dans le domaine de l'identification, de l'évaluation et de la reconnaissance des acquis non formels. La Belgique, bien qu'ayant fait preuve d'une activité moindre, a pris un certain nombre d'initiatives au cours des dernières années, en partie inspirées des expériences françaises. En France, les premières initiatives ont été prises dès 1985, lorsque le dispositif du bilan de compétences a été mis en place. Le *bilan* vise à aider les employeurs et les travailleurs à identifier et à évaluer les compétences professionnelles, l'objectif étant à la fois de soutenir les projets professionnels et de mieux utiliser les compétences au sein de l'entreprise.

La deuxième initiative importante prise en France a été l'«ouverture» du système national d'enseignement et de formation aux compétences acquises hors des établissements formels. Depuis 1992, des certificats d'aptitude professionnelle peuvent être délivrés (à divers degrés) sur la base de l'évaluation des acquis antérieurs et non formels. Une troisième initiative importante est celle qui a été prise par les chambres françaises de commerce et d'industrie afin d'établir des procédures et des normes d'évaluation indépendantes du système formel d'enseignement et de formation. Cette initiative, qui prend comme point de départ la norme européenne EN 45013 sur les procédures de certification de personnels, a permis d'acquérir une expérience substantielle. Des activités parallèles, qui reposent également sur la norme EN 45013, sont actuellement menées en Belgique.

2.6. **Approches communautaires**

Les initiatives menées au niveau communautaire ont clairement contribué à mieux faire prendre conscience de cette question au public et aux responsables politiques. Le livre blanc de la Commission européenne «Enseigner et apprendre — Vers la société cognitive» (1995) a permis de définir clairement la question et, dès lors, de soutenir les processus aux niveaux national et sectoriel. Les programmes mis en œuvre par la suite (essentiellement Leonardo da Vinci et ADAPT) ont impulsé et financé des activités d'expérimentation sans précédent. Bien que l'UE n'intervienne pas directement dans les efforts visant à développer des systèmes nationaux, elle a clairement contribué à accroître l'intérêt pour cette question et a également apporté un soutien pratique à l'expérimentation méthodologique et institutionnelle. Cela ne veut pas dire que la stratégie spécifique du livre blanc, centrée sur les normes européennes et sur le modèle européen de carte personnelle de compétences, ait été mise en œuvre. L'une des raisons importantes de cette non-mise en œuvre réside dans l'hétérogénéité des objectifs définis lors de la conception initiale de la tâche. D'un côté, la carte personnelle de compétences a été présentée comme une démarche sommative, visant à introduire une preuve nouvelle et plus flexible des qualifications et des compétences. D'un autre côté, cette initiative visait à développer de nouvelles méthodologies d'évaluation, l'objectif invoqué étant le besoin d'identifier et d'utiliser une base plus large de compétences; en d'autres termes, il s'agissait d'un objectif formatif essentiellement destiné à soutenir les processus cognitifs. Il ressort des activités d'expérimentation menées dans le cadre du programme Leonardo da Vinci que le premier objectif n'a donné lieu qu'à un développement et à un suivi limités. En règle générale, lorsqu'un élément sommatif peut être détecté, il fait clairement référence aux systèmes nationaux de qualifications existants ou porte sur un secteur ou une profession restreints. Quant à l'aspect formatif, il s'est imposé comme un problème majeur, la difficulté résidant non dans l'établissement de systèmes supranationaux d'envergure, mais dans l'élaboration d'outils pratiques adaptés aux différents employeurs et/ou travailleurs. Du fait que les initiatives émanent d'une multitude d'acteurs, les questions et les méthodologies ont été abordées à un niveau institutionnel «faible», où les questions et les préoccupations formatives dominent. En d'autres termes, l'activité des projets reflète les priorités des entreprises et des secteurs, et non celles des ministères nationaux.

Pourquoi cet intérêt pour les acquis non formels?

Quels facteurs ont motivé cette vague d'activités qui s'est propagée presque simultanément à la quasi-totalité des pays européens? Pour répondre à cette question, il convient d'examiner attentivement les objectifs, l'évolution et les défis politiques et institutionnels. Nous nous pencherons plus particulièrement sur trois aspects.

3.1. Reconfigurer l'enseignement et la formation

La mise en place d'un système qui permette d'apprendre tout au long de la vie exige une meilleure articulation entre différentes formes d'apprentissage dans différents domaines à différents stades de la vie. Alors que le système formel demeure très fortement centré sur la formation initiale, un système d'apprentissage tout au long de la vie doit relever le défi de rapprocher divers domaines d'apprentissage, tant formel que non formel. Ce rapprochement est impératif pour répondre aux besoins qu'ont les individus de renouveler leurs savoirs de manière permanente et variée et aux besoins qu'ont les entreprises de disposer d'une large gamme de savoirs et de compétences, d'une sorte de réservoir de connaissances qui leur permette de gérer l'imprévu. En outre, la question de l'identification, de l'évaluation et de la reconnaissance des compétences s'avère cruciale. Les compétences doivent être rendues visibles pour être pleinement intégrées dans une stratégie aussi large de reproduction et de renouvellement des savoirs.

3.2. Qualifications clés

Bien que normalement abordées sous la forme de deux problèmes distincts, la manière de définir, d'identifier et de développer les qualifications clés et la difficulté d'évaluer les acquis non formels sont étroitement liées. À notre avis, ces deux débats reflètent différentes facettes d'une même question. Dans les deux cas, nous observons un intérêt croissant pour les besoins en apprentissage et en savoirs dans une société qui connaît des mutations organisationnelles et technologiques sans précédent. Les méthodologies et les systèmes d'identification, d'évaluation et de reconnaissance des acquis non formels peuvent être considérés comme des outils permettant d'améliorer la visibilité des qualifications clés et de les renforcer. Cependant, les termes «acquis informels» et «acquis non formels» ne sont pas d'un réel secours en la matière. Le concept d'acquis non formels est «négatif», dans le sens où il s'agit de la négation de quelque chose d'autre. Ce concept ne fournit guère d'indications positives quant au contenu, au profil ou à la qualité. Il est cependant important, dans le sens où il attire l'attention sur la richesse et la variété des domaines et des formes de savoirs qui peuvent être acquis hors de l'enseignement et de la formation formels. Dès lors, l'établissement de liens plus étroits avec la question des qualifications clés pourrait s'avérer utile et donner à l'exercice une orientation plus claire. L'établissement de liens entre les domaines de savoirs formels et non formels peut être considéré comme un moyen de réaliser et de concrétiser les objectifs exprimés à travers les qualifications clés.

3.3. Des solutions en quête de problèmes — Un développement impulsé par l'offre?

Le développement de méthodologies de mesure et d'évaluation n'est que rarement induit par la demande ou par une impulsion émanant de la base. Si nous examinons les années 1995-1999, période au cours de laquelle cette tendance s'est précisée et renforcée, la mise en œuvre de programmes tels que Leonardo da Vinci ou ADAPT aux niveaux européen et sectoriel a contribué à établir et à faire évoluer le «plan d'action en matière d'évaluation». La disponibilité d'«argent frais», associée à un ensemble limité de priorités spécifiques, a incité nombre d'établissements à s'engager dans le développement d'instruments et d'outils. Bien que les résultats des projets menés dans ce domaine soient de qualité variable, leur impact à long terme sur les plans d'action des organisations et établissements concernés ne doit pas être sous-estimé. Les années à venir nous diront si ce mouvement émanant de l'offre trouvera des utilisateurs, par exemple au niveau des secteurs et des entreprises, appréciant les efforts déployés.

Comment devons-nous identifier, évaluer et reconnaître les acquis non formels?

Connaître les raisons de cet intérêt accru pour les acquis non formels ne permet pas de savoir comment soutenir et renforcer les éléments positifs de cette évolution. À la lumière des éclaircissements théoriques fournis dans la première partie du rapport, nous pouvons dire que les défis à venir sont d'ordre à la fois méthodologique (comment mesurer) et politique/institutionnel (comment garantir l'acceptation et la légitimité).

4.1. Exigences méthodologiques

Quelles fonctions doivent remplir les nouvelles méthodologies (et les nouveaux systèmes institutionnels) d'identification, d'évaluation et de reconnaissance des acquis non formels? Parlons-nous d'un rôle formatif où les instruments et les outils servent à guider les processus cognitifs des individus et des entreprises, ou d'un rôle sommatif, plus restreint, où les acquis non formels sont testés en vue de leur éventuelle inclusion dans le contexte de l'enseignement et de la formation formels? *L'objectif de l'évaluation, dans un contexte non formel comme dans un contexte formel, est déterminant pour les choix méthodologiques à effectuer et pour la réussite finale de l'exercice.* Le développement réussi de méthodologies et de systèmes n'est possible que si ces fonctions sont clairement comprises et combinées/séparées de manière constructive et réaliste. En raison de la diversité des processus et des contextes d'apprentissage, il est difficile de parvenir à un niveau de fiabilité identique à celui des tests standardisés (à choix multiple, par exemple). Comment obtenir la fiabilité (et quel type de fiabilité) dans ce nouveau domaine? *La fiabilité doit être recherchée dans la transparence optimale du processus d'évaluation (normes, procédures, etc.). La fiabilité peut aussi être soutenue par la mise en œuvre de pratiques systématiques et transparentes d'assurance qualité à tous les niveaux et pour toutes les fonctions.*

La nature hautement contextuelle et (en partie) tacite des acquis non formels rend plus complexe la quête de la validité. Le risque de mesurer autre chose que ce qui a été initialement prévu est bien réel. Il convient avant tout d'éviter que l'exercice ne débouche sur une image déformée du candidat et du domaine et de tendre le plus possible vers l'authenticité. *Les méthodologies doivent refléter la complexité de la tâche à accomplir; elles doivent être en mesure d'appréhender ce qui est spécifique d'un individu ou d'un contexte.*

La question des points de référence (ou «normes») revêt un intérêt majeur pour l'évaluation des acquis tant formels que non formels. Si la référence à la norme (utilisation de la performance d'un groupe/d'une population) n'a pas été sérieusement examinée dans le contexte de l'évaluation des acquis non formels (en raison de la diversité des compétences concernées), la question de la référence au critère ou au domaine est au cœur du problème. *La définition des limites des domaines de compétences (en termes d'étendue et de contenu) et la manière dont peuvent être décrites les compétences dans ces domaines sont d'une importance cruciale.* Plus le domaine est large, plus il est difficile de concevoir des dispositifs d'évaluation authentique. À maints égards, cela nous renvoie à la question des fonctions assignées à l'évaluation: Voulons-nous améliorer les processus cognitifs ou produire des preuves (des documents ayant une valeur)? Les deux objectifs sont hautement légitimes et utiles. Cependant, l'établissement de points de référence diffère considérablement en fonction de l'objectif sélectionné.

4.2. Exigences politiques et institutionnelles

Une fois la première exigence — méthodologique — satisfaite, c'est-à-dire lorsque les questions d'objectif et de fonction ont été résolues, la mise en œuvre institutionnelle et politique peut être soutenue grâce à deux stratégies: l'une centrée sur la «conception institutionnelle» et l'autre sur l'«apprentissage mutuel».

Conception institutionnelle: certains critères fondamentaux doivent être remplis pour que les preuves attestant un apprentissage non formel puissent être acceptées au même titre que celles qui attestent un enseignement et une formation formels. En premier lieu, tous les acteurs concernés doivent pouvoir exprimer leur point de vue lors de la mise en place et du fonctionnement de systèmes de reconnaissance des acquis non formels. Dès lors que ces systèmes ont un effet direct sur la fixation des salaires et l'attribution des emplois et des fonctions sur le marché du travail, il est clair que cet aspect inclut la question de l'équilibre des intérêts. Bien que la question de savoir quels acteurs doivent être invités à participer et quels acteurs doivent être entendus n'ait guère retenu l'intérêt à ce jour, elle est appelée à revêtir une importance décisive au cours des années à venir. En second lieu, des informations pertinentes doivent alimenter le processus. En ce qui concerne la question de la représentation, la définition et la structuration des normes et des points de référence (en particulier) exigent des informations adéquates et équilibrées. En troisième lieu, la transparence des structures et des procédures joue un rôle extrêmement important. Il est possible de mettre en place des structures où la répartition des rôles (établissement des normes, évaluation, recours, contrôle de la qualité) est clairement définie et présentée. La transparence des procédures est une condition incontournable de l'acceptation et de la légitimité. Dans les années à venir, tant les chercheurs que les décideurs politiques devront se pencher sur toutes ces questions.

Apprentissage mutuel: l'apprentissage mutuel entre les projets, les institutions et les pays doit être recherché et soutenu. Une somme substantielle d'apprentissage s'effectue déjà à divers niveaux. Comme nous le mettons en évidence à plusieurs reprises, notamment lors de notre examen des activités menées au niveau européen, le potentiel d'apprentissage mutuel dépasse de beaucoup les réalisations et les pratiques observées à ce jour. L'établissement de mécanismes dans ce domaine doit refléter la variété des objectifs et des fonctions. Enfin, il est absolument indispensable de mieux coordonner les activités et de les soutenir (aux niveaux européen et national), afin de capitaliser les expériences acquises grâce aux multiples projets, programmes et réformes institutionnelles qui ont été entrepris.

III. La validation des acquis dans les métiers de la formation

Anne-Marie CHARRAUD
Ministère de l'emploi et de la solidarité

Introduction

La problématique de la validation des acquis dans les métiers de la formation représente une préoccupation qui traverse largement les réflexions actuelles de l'ensemble des pays européens dans le champ de la formation professionnelle. Elle devrait s'accroître d'ailleurs avec le développement de la «formation tout au long de la vie», qui nécessairement devrait générer une demande de lisibilité des acquis que les bénéficiaires de formation se sont appropriés au cours de cette formation. Ce phénomène réinterroge autant les indicateurs de cette lisibilité par rapport à une qualification ou à une profession que les modalités de financement de cette formation et la qualité des prestations et, donc, des prestataires qui la réalisent. À ce jour, la lisibilité des acquis individuels s'appuie sur des signaux sociaux établis par des autorités officielles à travers des «certifications», telles qu'un diplôme, un titre professionnel, un certificat, voire une accréditation. Ils constituent les supports de la preuve d'une professionnalité ou d'un ensemble de compétences liées à une qualification identifiée et nationalement reconnue.

L'application de ce principe s'observe sur un grand nombre de métiers et, en ce sens, le formateur, comme l'enseignant, ne devrait pas se distinguer des autres professionnels ayant des activités relevant d'autres secteurs économiques. Or, force est de constater que l'exercice de l'activité d'enseignant s'assimile souvent davantage à un statut qu'à un métier et que la dimension économique reste l'enjeu majeur de la prestation assurée en formation continue, bien avant celle de la professionnalisation de ceux qui l'assurent. Un rapide regard porté sur les pratiques nationales montre qu'à ce jour seules sont réellement structurées, ou en cours de structuration, des règles concernant les enseignants qui interviennent en formations initiales placées sous le contrôle d'un ministère de l'éducation et assorties d'un dispositif de certification. En revanche, ces règles sont quasi inexistantes ou non reconnues par les structures employeurs pour les formateurs qui assurent des prestations dans le cadre de la formation continue. La demande que font les professionnels de la formation d'une validation de leurs acquis s'apparente alors dans ce contexte à la recherche d'une reconnaissance de l'activité qu'ils exercent comme autonome et suffisamment spécifique pour être un signal de professionnalité.

Dans ce texte, le thème de la validation des acquis est positionné par rapport à cette problématique et sera abordé sur la base de trois grandes questions:

a) la reconnaissance de la qualification des formateurs et la définition de leur métier;

b) la délivrance de diplômes, certificats, etc., signalant cette qualification;

c) les modalités de prise en compte de l'expérience des formateurs, car il s'agit de métiers qui ne s'apprennent pas exclusivement sur un banc d'école, mais qui se construisent en liaison avec l'histoire de vie du formateur.

C'est volontairement que le terme de «validation» ne sera pas utilisé ici car, comme le montre le glossaire établi par le Cedefop [11], nous ne sommes pas encore au point sur une approche et une définition commune au niveau européen autour de ce concept. D'ailleurs, au sein d'un même pays, on observe déjà la même difficulté. Les trois questions évoquées ci-dessus seront développées en s'appuyant sur l'exemple français, afin de mieux saisir leurs enjeux, et illustrées par quelques exemples d'autres pays sur la base des éléments apportés lors de la préparation de ce séminaire et dans un dossier sur «la formation des enseignants et formateurs en Europe» [12].

---

[11] Voir annexe, «Glossaire sur les thèmes: identification, évaluation et reconnaissance des qualifications et compétences ainsi que transparence et transférabilité des qualifications».

[12] *Actualité de la formation permanente,* n° 160, Centre INFFO, Paris, mai-juin 1999.

La reconnaissance de la qualification

La reconnaissance de la qualification interroge sur son auteur. Qui la reconnaît, pourquoi, puis comment? La réponse à ces questions est actuellement donnée, en France du moins, mais aussi dans de nombreux autres pays, pour les formateurs de formation initiale. Elle commence depuis quelques années à peine à s'ébaucher pour les formateurs assurant leur activité dans le cadre de la formation des adultes et de la formation continue.

2.1. L'enseignement en formation initiale: des prestations plutôt réglementées

En France, si l'on remonte au Moyen Âge, l'autorité désignée pour reconnaître et définir la qualification des instituteurs, par exemple, était l'Église. Pour être maître d'école, il convenait en effet de faire preuve de moralité et de respect des règles de fréquentation religieuses édictées par l'Église. Seuls les enfants appartenant à des classes sociales élevées pouvaient bénéficier d'un enseignement, et l'éducation scolaire était quasi intégrée à l'éducation religieuse. Les choses ont beaucoup évolué depuis cette époque et l'exercice de l'activité des professeurs d'école est strictement réglementé, comme il l'est pour l'ensemble des enseignants travaillant dans le cadre des établissements publics ou privés sous contrat des écoles primaires, secondaires, des lycées comme des universités. Ces règles sont très complexes et basées sur la passation de concours ayant pour fonction de vérifier la maîtrise des savoirs qui devront être transmis, et non celle d'un savoir-faire qui consiste à les transmettre. Ce dernier aspect fait l'objet d'une formation particulière en alternance réalisée après le concours dans le cadre d'instituts universitaires de formation des maîtres (IUFM). À la fin de ce parcours, les enseignants reçoivent, selon leur statut et le champ de leur activité, un diplôme, un certificat d'aptitude ou une qualification professionnelle leur permettant d'enseigner et d'être titularisés sur un poste particulier dans un lycée d'enseignement général ou dans un lycée professionnel.

Si l'on jette un regard sur les pratiques de pays voisins, on note la montée progressive de règles similaires pour les enseignants de formation initiale. Celles-ci s'articulent généralement autour d'un dispositif de formation mis en place par le ministère de l'éducation nationale du pays concerné. Ce dispositif s'appuie sur un programme préalablement établi et réalisé dans le cadre de centres de formation spécialisés clairement identifiés. Le parcours de formation est sanctionné après une évaluation par une certification de la qualification de l'enseignant, souvent appelée diplôme. Ces systèmes ne sont visiblement stabilisés et opérationnels que depuis quelques années, et les évolutions sont souvent liées à une réforme de l'ensemble du dispositif d'enseignement professionnel. C'est ainsi qu'en Finlande l'organisation de l'accès au professorat placée sous la tutelle du ministère de l'éducation nationale s'est stabilisée en 1996. Elle s'appuie sur l'obtention d'un diplôme, qui se prépare selon un parcours professionnel réalisé et sanctionné dans le cadre de cinq centres de formation pédagogique des professeurs de l'enseignement professionnel (AOKK). Depuis 1998, une nouvelle réglementation formalise les programmes de formation des enseignants en Belgique (Communauté flamande), en vue de l'obtention d'un diplôme spécifique délivré par le département de l'éducation. Celle-ci est proposée sous une forme modulaire.

En 1996, le ministère de l'éducation des Pays-Bas a posé pour principe l'établissement d'un système de certification dans l'enseignement avec la mise en place d'une norme professionnelle applicable aux enseignants. Seuls les enseignants qui satisfont à cette norme seront inscrits dans un registre national des enseignants qualifiés. Cette démarche va de pair avec des innovations dans les contenus des programmes et des modalités des formations des formateurs lancées dans les instituts de formation des enseignants (individualisation et modularisation, formation ouverte, etc.). Les principes proposés pour les enseignants de formation initiale semblent retenir sur les autres types de formateurs impliqués dans la formation continue dans ce pays.

Au Portugal a été institué depuis 1997 un certificat d'aptitude de formateur, qui a d'ailleurs été considéré par les partenaires sociaux et par le gouvernement comme un pilier fondamental du développement des formations. Cette démarche s'inscrit dans le système national de qualifications instauré par la loi de 1992 pour l'ensemble des professions. À côté des certificats délivrés par les entités formatrices sont en effet créés des certificats d'aptitude professionnelle délivrés par une instance composée des partenaires sociaux et divers ministères, sous la coordination du ministère du travail et de la solidarité, à travers l'Institut pour l'emploi et la formation professionnelle (IEFP). Le certificat d'aptitude de formateur a été la première qualification créée dans ce système. Son accès s'effectue selon des modalités variables, parmi lesquelles figurent un cours de formation pédagogique homologué par l'IEFP, ainsi qu'une expérience de trois ans de formateur.

2.2. Les prestations de formation continue sans normes nationales pour les formateurs

Dans le cas de la formation continue, aucune règle spécifique n'est à ce jour en cours en dehors de celles fixées par les organismes prestataires eux-mêmes, chacun sur des normes spécifiques.

Cette absence de règle générale s'explique en France notamment par le fait qu'aucune autorité sociale, économique ou politique n'est légitime ou représentative dans ce champ. Les règles de reconnaissance de la qualification s'expliquent en partie par l'absence de règles collectives identifiées pour le recrutement et l'accès à l'activité de formateur, alors que celles-ci le sont pour l'enseignement initial. La formation continue renvoie à un monde éclaté où interviennent des acteurs (régions, syndicats, branches, groupements de formateurs, etc.), qui chacun ne représente qu'une petite partie de cet univers. En outre, les relations entre ces acteurs ne parviennent pas à s'établir et empêchent à ce jour toute forme de reconnaissance mutuelle et de structuration

représentative générale. Nous nous situons donc dans un paysage où cohabitent plusieurs autorités qui se sont constituées au fil du temps et des évolutions économiques et sociales. Cette pluralité a d'ailleurs engendré une grande diversité de formes de reconnaissance de la qualification en fonction des choix établis par chacune d'elles.

Il semble que la situation soit similaire pour un certain nombre d'autres pays qui n'ont pas institué de formes particulières de reconnaissance ou de validation d'acquis en termes de certification pour les formateurs intervenant dans le champ de la formation continue, à moins qu'aucune distinction nette ne soit faite entre la professionnalité d'un formateur de formation initiale ou un formateur de formation continue. C'est le cas notamment du Royaume-Uni, où la responsabilité juridique des certifications pour l'ensemble de la formation initiale et professionnelle n'est pas clairement définie [13], à l'exclusion de la délivrance des diplômes universitaires. Toutefois, la création récente du cadre national de certifications (NVQ/GNVQ) [14] a eu pour conséquence de

---

[13] Seuls les instituteurs ont une obligation de qualification pédagogique.

[14] National Vocational Qualifications/General National Vocational Qualifications: Systèmes de qualifications professionnelles de niveau secondaire.

soumettre tous les enseignants et formateurs à de fortes pressions, afin qu'ils acquièrent la qualification de base délivrée par les deux organisations nationales pour la formation (NTO) concernées par la qualification des formateurs.

Le signal de la qualification

Le signal de la qualification se manifeste généralement par un repère ou un référentiel qui décrit les indicateurs de cette qualification. Certains de ces indicateurs ont été cités ci-dessus. En France, pour être un enseignant, le premier indicateur de cette qualification concerne la possession du savoir à transmettre et la réussite à un concours de sélection. Pour la formation continue, de nombreux référentiels ont été élaborés en grande majorité par les organismes de formation vers lesquels les formateurs se sont tournés pour approfondir et développer leurs savoirs et connaissances dans le domaine de la formation [15]. Un contrat d'études prospectives concernant le secteur de la formation professionnelle et les travaux du Centre INFFO ont mis en évidence la grande place occupée par les universités (et plus récemment l'AFPA) dans ce registre.

Depuis quelques années, deux autres acteurs représentatifs de certains secteurs de la profession se sont impliqués dans la construction de repères:

a) la branche des organismes de formation privés et associatifs, représentée par la Fédération de la

---

[15] Il s'agit le plus souvent de savoirs liés à l'environnement de la formation ou de l'éducation et plus rarement de savoir-faire didactiques.

formation professionnelle, qui est actuellement en train de construire un premier repère sur une qualification. Celle-ci devrait faire l'objet d'une certification de branche à travers un certificat de qualification professionnelle (CQP). Les indicateurs de qualification concernent les savoirs techniques liés autant à la fonction de face-à-face pédagogique qu'à celles situées en périphérie (conception, suivi, etc.);

b)   un syndicat regroupant des formateurs et des formateurs consultants indépendants à travers la mise en place d'un dispositif de reconnaissance particulier entre pairs.

À l'occasion de la construction de ces repères de qualification apparaît la question de l'identité professionnelle que l'on cherche à reconnaître. Qu'est-ce qu'un formateur? Un animateur? Un consultant dans le champ de la formation continue? Globalement, les différentes études et analyses sur les professionnels de la formation ont mis en évidence que l'on n'était pas formateur en formation continue parce qu'on possédait le savoir à transmettre, mais parce qu'il s'agissait là de l'aboutissement, ou d'une étape, d'un parcours de vie. La construction de l'identité professionnelle semble en effet autant s'établir sur une cohérence d'histoire personnelle que sur celle d'une expertise dans un domaine particulier. La valorisation de cette expertise et son approfondissement restent la priorité des contenus des indicateurs de qualification établis dans les repères de formation ou de recrutement pour certains employeurs. En outre, on notera que ces indicateurs sont totalement absents dans les normes de qualité proposées pour les prestataires. Sans doute la date récente de développement de la formation continue est-elle à l'origine de cette lacune.

L'observation des démarches et du contenu des signaux de qualification proposés par les autres pays que la France montre que la dimension professionnelle liée à la didactique y est davantage valorisée. Les démarches de construction de référentiels pour ces professions sont sans doute à l'origine de cette différence. Aux Pays-Bas, c'est l'analyse des compétences qui a prévalu dans la définition des programmes de formation. Au Portugal, comme en Italie, en Finlande ou au Royaume-Uni, par exemple, c'est le contenu de l'emploi et la nature des activités à réaliser qui fondent les référentiels de qualification de formateurs ou d'enseignants et des conditions de délivrance des certifications.

C'est sans doute la raison pour laquelle la prise en compte de l'expérience professionnelle dans les processus de qualification et la délivrance d'une certification des enseignants et des formateurs occupe une place particulière distincte de celle qu'elle occupe actuellement en France.

La prise en compte de l'expérience

Le principe de la prise en compte de l'expérience est un grand débat actuellement en France. Il est le plus souvent rattaché aux dispositifs de validation des acquis professionnels mis en place à la suite d'une loi très récente (1992). Celle-ci institue la possibilité d'une alternative aux examens permettant d'accéder à un diplôme sans formation. La loi stipule que cela est possible pour toutes les épreuves d'octroi du diplôme, sauf une. Cette dernière devait être réalisée selon les principes traditionnels avec les autres candidats en candidats libres, quand cela est possible, ou éventuellement après une formation complémentaire. L'application de ce principe est en débat, car les expériences menées montrent combien cette initiative est fondamentale dans une logique de formation tout au long de la vie. Mais en même temps, elle suscite de nombreuses résistances, puisqu'elle remet en cause les pratiques habituelles à l'œuvre pour la délivrance de diplômes. Ces remises en cause concernent d'ailleurs autant les procédures d'évaluation que la nature des éléments que l'on veut évaluer. À partir du moment où ce ne sont plus des savoirs disciplinaires ou théoriques qu'il convient d'évaluer, les modalités d'évaluation deviennent très complexes. Lorsqu'on a à s'appuyer sur l'histoire d'une vie très spécifique d'un individu, afin de la positionner par rapport aux normes indiquées par les référentiels de diplômes, il est quasi indispensable de réviser leur écriture si l'on veut y parvenir. C'est d'ailleurs ce qui s'est passé en France et c'est une méthodologie nouvelle d'écriture des référentiels qui se met en place au fur et à mesure que les institutions nationales s'engagent dans cette voie.

Si l'on revient au champ des formateurs dans le contexte français, l'expérience individuelle semble un élément intrinsèque de la qualification, mais il est rarement inscrit comme un élément constitutif des référentiels, sans doute parce que jusqu'à présent l'identité professionnelle du formateur était perçue comme un état plus que comme une fonction ou un métier à part entière. Les référentiels d'emploi ou d'activité des enseignants ou des formateurs sont rares. En formation initiale, l'activité des enseignants est réglementée. En formation continue, elle n'est pas stabilisée. En outre, l'évaluation objective de cette expérience reste un registre pour lequel il y aurait de nombreux investissements à réaliser. Quoi qu'il en soit, si l'expression de l'expérience est absente dans les référentiels de qualification, elle constitue en revanche un prérequis et même une condition nécessaire pour exercer l'activité de formateur et être reconnu comme tel par des pairs. La prise en compte de l'expérience est en effet l'un des indicateurs permettant l'obtention de la certification du syndicat des formateurs et formateurs consultants indépendants. Des modalités spécifiques d'évaluation de l'expérience sont prévues pour l'obtention du CQP de branche. Théoriquement, cela est également prévu pour l'obtention des diplômes ou titres délivrés après un parcours de formation. Dans la majorité des cas, celle-ci permet une dispense d'une partie du parcours lié à cette formation et très rarement d'une partie du diplôme.

Dans les autres pays que la France, il semble que l'approche du parcours menant à la qualification d'enseignant ou de formateur de formation initiale est quasi systématiquement envisagée sur le mode de l'alternance (par exemple les Pays-Bas). L'accès à la qualification est souvent possible dans le cadre de parcours où l'expérience tient autant de place que la formation (par exemple le Portugal). Elle est même parfois l'une des conditions indispensables pour être formateur (par exemple la Finlande).

Toutefois, même s'il semble évident que l'expérience professionnelle constitue l'un des supports majeurs de la qualification des enseignants et des formateurs, elle ne peut à elle seule être suffisante. Les débats concernant la place et le rôle qu'elle occupe dans la démarche certificative en cours actuellement au Royame-Uni en sont une bonne illustration. Depuis l'existence des NVQ dans le champ de la formation, de nombreux enseignants non formés acquièrent une formation initiale dans le cadre d'une préparation à une NVQ et complètent leur parcours à l'université dans un département de formation professionnelle des enseignants. Telle qu'elle est envisagée par la NTO, l'organisation de la formation des formateurs de formation professionnelle met l'accent sur une formation axée sur les situations de travail. C'est ce cadre de référence que les directives gouvernementales valorisent actuellement pour les enseignants, privilégiant, en conséquence, une représentation de la qualification des enseignants basée sur une formation dispensée au travail et fondée sur des contenus liés à des notions de compétence et de performance. Les organismes professionnels et les prestataires d'enseignement critiquent actuellement cette orientation gouvernementale et remettent en cause les référentiels proposés, jugeant leurs contenus insuffisants en connaissances et savoirs théoriques. La formation interne en cours d'emploi et à temps partiel risque en effet de supprimer tout apport universitaire et de donner une dimension trop restrictive de la qualification du formateur.

Conclusions: vers une perspective européenne

Ce rapide état des lieux sur la validation des acquis des formateurs met en évidence plusieurs constats:

a) les systèmes de reconnaissance de la qualification des formateurs sont pour l'essentiel constitués et structurés autour des dispositifs d'accès des enseignants à l'activité de formation initiale;

b) ces systèmes sont en évolution et s'articulent de toute évidence autour des réflexions et des réformes de la formation initiale en général et de la formation professionnelle en particulier;

c) les systèmes de reconnaissance de la qualification des formateurs intervenant en formation continue sont plus flous et moins systématisés. Plusieurs approches semblent à l'œuvre, avec, selon les cas, une recherche de certification particulière ou, à l'inverse, une démarche de certification commune à celle des enseignants de formation initiale. Ces différences mériteraient des analyses plus approfondies, afin de repérer les modalités de construction des référentiels autant que les contenus des représentations de la professionnalité d'un enseignant et d'un formateur. Il serait intéressant notamment de faire des liens avec cette

représentation et les démarches de qualité envisagées pour les actions de formation elles-mêmes (par exemple la Belgique). Dans un contexte où la formation tout au long de la vie est l'un des piliers du développement social européen, il est assez paradoxal de constater la pauvreté des références établies et développées pour les prestataires;

d) la prise en compte de l'expérience est une constante formelle dans la plupart des pays. Toutefois, la nature de cette expérience mériterait d'être davantage explicitée. Dans certains pays elle est intégrée au parcours de formation, dans d'autres, elle est juxtaposée et, dans d'autres encore, elle a la même valeur qu'une formation;

e) les dispositifs de validation des acquis de l'expérience sont quasi inexistants. Cette démarche n'est envisagée que dans les pays où des dispositifs gouvernementaux ont été prévus pour accéder à une certification professionnelle nationale. Les formateurs ne sont pas forcément les premiers visés par ces dispositifs.

Quelques pistes de réflexion pourraient constituer d'ores et déjà la base des échanges autour de points tels que:

a) la reconnaissance mutuelle des activités de formation. Comment sont-elles définies en tant que prestation (en dehors des seuls critères de segmentation par commanditaires financiers) d'un pays à l'autre?

b) l'existence de références sur la qualification des formateurs, ses indicateurs sur le marché du travail, le contour des activités sous-jacentes qu'ils supposent et la nature des compétences qu'elles sous-tendent;

c) le développement d'échanges sur les contenus et objectifs des formations actuellement accessibles, ainsi que sur les méthodologies utilisées en matière d'évaluation de l'expérience.

Un réel débat serait à lancer et le réseau TTnet du Cedefop devrait pouvoir donner l'occasion de s'interroger et d'échanger des vues sur les représentations des métiers, les références de qualification, qui aillent bien au-delà de la seule comparaison des contenus et de la nature des formations de formateurs. La reconnaissance de la qualification de formateur passe certes par celle de la qualité de sa prestation, mais surtout par la nécessité de positionner le service qu'il assure en fonction de perspectives et d'objectifs sociaux pouvant être partagés au niveau européen. Un formateur ne saurait être reconnu comme un professionnel qualifié, si sa prestation elle-même, et donc l'activité de formation

continue notamment, n'est pas reconnue comme un service indispensable au développement socio-économique européen.

Contributions nationales

La validation des acquis dans les métiers de la formation en France

Françoise GÉRARD
Centre Inffo — Centre pour le développement de l'information sur la formation permanente

Introduction

Cette note présente brièvement la problématique française en matière de validation des acquis et propose quelques pistes de réflexion au niveau communautaire.

En remarque liminaire, une précision de vocabulaire:

- par «certification», on entend la délivrance d'un diplôme, d'un certificat ou d'un autre titre par les autorités, les organismes de formation et les personnes compétentes, selon des normes connues et reconnues publiquement, dont la valeur est officielle;
- par «validation des acquis», on entend la procédure entreprise en vue d'une reconnaissance institutionnelle des acquis, et l'acte officiel par lequel ces acquis sont reconnus.

La validation des acquis: un débat national actuel et des enjeux forts

2.1. Un système traditionnellement ancré sur les diplômes et titres homologués

Le débat sur la validation des acquis dans les métiers de la formation s'inscrit en France dans un débat beaucoup plus large sur la validation des acquis en général. En effet, celle-ci a été longtemps considérée uniquement comme l'aboutissement d'un parcours de formation qui se concrétisait par des diplômes nationaux (délivrés par le ministère de l'éducation nationale ou d'autres ministères) ou des titres homologués (délivrés par une commission interministérielle).

Ce diplôme ou titre correspondait à un examen passé à l'issue d'un cursus de formation. Toutefois, plusieurs facteurs ont conduit à un assouplissement de ce système depuis la fin des années 70:

a) le fort taux de population active sans qualification reconnue (30 %);

b) l'enjeu social de la reconnaissance des acquis de l'expérience pour optimiser l'employabilité des personnes;

c) la nécessité de trouver des qualifications mieux adaptées aux changements du travail, à des besoins spécifiques et à la mobilité croissante des salariés;

d) le débat et les expériences conduites dans d'autres pays (Europe et Canada) affirmant que les savoirs peuvent s'acquérir autrement que dans un cursus de formation, en particulier dans le travail et l'expérience.

2.2. L'assouplissement du système

Ces réflexions ont abouti à des changements majeurs:

a) une plus grande souplesse dans le mode d'obtention des diplômes et des titres: dès la fin des années 70, les diplômes de l'enseignement professionnel ont été découpés en modules (unités capitalisables); les candidats peuvent répartir leurs efforts sur plusieurs années, obtenir des parties de diplôme et capitaliser sur une durée totale de cinq ans les modules obtenus pour obtenir le diplôme intégral;

b) la création de nouvelles qualifications sans l'intervention de l'État: depuis 1986, les branches professionnelles ont la possibilité de créer des «certificats de qualification professionnelle» reconnus au niveau national dans les classifications et conventions collectives. Ils sont fondés sur des référentiels de métier et des référentiels d'emploi;

c) la mise en place de procédures dites de validation des acquis professionnels pour réduire le parcours de formation qui mène à un diplôme (ou titre) ou pour dispenser d'une partie des épreuves du diplôme (ou titre) visé:

- la possibilité de réduire le cursus de formation, en bénéficiant des acquis de son expérience professionnelle: la loi de 1984 (décret de 1985) pour l'entrée dans l'enseignement supérieur permet à des personnes ne disposant pas du diplôme normalement requis d'accéder à un concours ou à une formation de l'enseignement supérieur (postbac) en faisant reconnaître leurs acquis expérientiels (études, acquis personnels, sociaux, culturels et professionnels). Les candidats constituent un dossier type, qui est examiné par une commission ad hoc de l'organisme ou de l'université où ils veulent suivre une formation,

- la dispense d'unités constitutives du diplôme visé, par la validation d'acquis professionnels exclusivement: la loi de 1992 (décret de 1993) introduit la possibilité de valider les études et

expériences professionnelles pour remplacer une partie des épreuves du diplôme ou titre visé. Les candidats constituent un dossier type, qui est examiné par une commission ad hoc de l'organisme ou de l'université où ils veulent suivre une formation. Cependant, le législateur n'a pas permis qu'on puisse obtenir la totalité d'un diplôme par cette voie: le candidat doit toujours passer au moins une unité du diplôme visé.

Des expérimentations très récentes réalisées par le ministère de l'emploi visent à permettre l'accès progressif à une qualification reconnue par les titres délivrés par le ministère de l'emploi (après avis des partenaires sociaux), en relation avec des référentiels d'emploi et d'activité élaborés au niveau national. Quelques rares initiatives séparent la validation des acquis d'un cursus de formation:

a) inspiré des NVQ britanniques, le certificat de compétences en entreprise est développé par le réseau des chambres de commerce et d'industrie. Le salarié constitue un «portefeuille de compétences professionnelles» avec un évaluateur issu d'un établissement, spécialiste du métier considéré et spécifiquement formé à ce travail de certification. Il doit administrer sur le lieu de travail la preuve de la compétence visée;

b) la démarche du portefeuille de compétences (dossier sur le principe d'un *press-book:* curriculum vitae détaillé, attestations d'employeurs, certificats de stage) se pratique, mais elle pose le problème de la légitimité de l'instance qui atteste ces compétences. Ce portefeuille de compétences est utile pour négocier un emploi, une formation, pour une mobilité professionnelle, mais, n'étant pas certifié par une instance officielle, il n'a de valeur que sur le marché du travail.

En France, comment sont certifiés et validés les acquis?

a) Officiellement, par une reconnaissance à valeur nationale:
   • par un diplôme ou un titre homologué, à l'issue d'un cursus de formation;
   • par un «certificat de qualification professionnelle» délivré par les branches professionnelles à l'issue d'un cursus de formation.

b) Sans reconnaissance nationale, mais avec valeur sur le marché du travail:
   • par un titre non homologué;
   • par une attestation de formation délivrée par l'organisme de formation;
   • par un portefeuille de compétences.

2.3. L'état du débat social

Ce nouvel espace de reconnaissance de l'expérience professionnelle qu'ouvre la validation des acquis, entre travail et formation, provoque encore de fortes résistances culturelles:

a) les lois sur la validation des acquis ne sont pas allées jusqu'au bout de leur logique. La liberté d'interprétation des textes laissée aux organismes ou aux universités pour constituer et apprécier les dossiers de demande de validation risque d'installer le doute sur la pertinence des procédures, sur la crédibilité de la validation et, par là même, sur la valeur des diplômes;

b) les procédures de validation sont longues, souvent complexes et très mal connues du grand public. L'opacité de l'offre de formation freine l'initiative individuelle des candidats. Finalement, ces dispositions ne concernent qu'une très petite minorité de bénéficiaires;

c) la validation des acquis reste toujours profondément ancrée dans un cursus de formation.

Si la reconnaissance des compétences peut être valorisante pour les salariés, elle pose le problème de la valeur, dans un espace plus large, accordée aux compétences ainsi évaluées par l'entreprise.

Le ministère de l'emploi souhaite développer cette procédure et proposer, dès mars 2000, un projet de loi visant:

a) à élargir le champ de la validation des acquis professionnels à l'ensemble des titres et diplômes délivrés sous la responsabilité de l'État;

b) à simplifier les procédures mises en œuvre et les conditions d'accès.

L'état des lieux de la validation des acquis dans les métiers de la formation

3.1. Le diplôme ou le titre: la procédure la plus usitée

Comme dans les autres secteurs professionnels, le diplôme ou le titre reste la procédure la plus employée dans le secteur des métiers de la formation.

Les enseignants de formation professionnelle initiale doivent être titulaires d'un diplôme (au minimum bac + 3 ans d'études) et réussir un concours de recrutement pour devenir enseignants fonctionnaires titulaires.

Sauf exception (sport, santé et grandes institutions de formation publiques comme l'AFPA), l'accès à la profession de formateur en formation continue n'est pas réglementé, et aucun diplôme spécifique n'est exigé par la loi. Néanmoins, le marché impose sa logique. La majorité des formateurs ont au moins un diplôme professionnel dans leur spécialité technique.

En 1999, le Centre INFFO a recensé en France 261 diplômes ou titres préparant aux métiers ou activités de la formation. Dans leur grande majorité, ils sont du niveau de la licence (bac + 3 ans).

Premier bilan des autres formes de validation des acquis dans les métiers de la formation

En ce qui concerne les autres formes de validation des acquis évoquées plus haut, nous avons trouvé peu de pratiques de formateurs demandant à faire reconnaître leurs acquis autrement que par un diplôme ou un titre homologué.

Dans les universités, la demande de validation des acquis porte davantage sur une dispense de formation avant la préparation d'un diplôme (décret de 1985) que sur une dispense d'épreuve (décret de 1993).

Des initiatives récentes sont liées à la structuration de la profession:

a) la chambre syndicale professionnelle des formateurs-consultants (CSFC) a créé en 1999 le titre de «formateur-consultant inscrit au registre professionnel» décerné par une commission de pairs après examen d'un dossier de preuves. Ce syndicat réfléchit à la mise en place d'un cursus de formation qui permette d'accéder à ce titre;

b) sur proposition de la branche professionnelle des organismes privés de formation continue, un certificat de qualification professionnelle est en cours d'élaboration. Des référentiels d'emploi et d'activité sont également en cours d'élaboration;

c) un «certificat de compétences en entreprise» de tuteur en entreprise est également en cours de création sous l'égide des chambres de commerce. Il s'inspire des démarches des NVQ.

Quelques questions à partager au niveau communautaire

Dans un système encore très centré sur les diplômes, la question de la validation des acquis renvoie très fortement à la prise en compte de la situation de travail et à la notion d'évaluation des compétences. Quatre grandes questions peuvent être soulevées.

4.1. Quelles autorités sont les plus légitimes pour reconnaître la «qualification» ou les «compétences» des formateurs?

Au niveau national
a) Quel rôle peuvent jouer ici les institutions ayant un lien avec les enseignants ou autres acteurs de la formation?
b) Quel rôle peuvent jouer les représentants du secteur en fonction des organisations patronales ou syndicales?
c) Quel rôle peut jouer l'État?

Au niveau européen
À ce jour, aucune instance européenne ne peut être autorité légitime pour délivrer une certification au nom de la Communauté, puisque nous sommes sous le principe de la subsidiarité dans ce domaine. Peut-on alors envisager des formes de représentativité ou de légitimité, et avec quels acteurs?

4.2. Quels repères et quels référentiels pourraient constituer les supports de la validation des acquis des formateurs?

Quelle est la nature des éléments à attester:
• selon les autorités qui valident les acquis?
• selon les objectifs de cette validation?
Ici se pose la problématique qualification/compétence, savoirs techniques/génériques:
• Comment ne pas limiter la validation des acquis professionnels aux seuls savoirs techniques?
• Un dossier de preuves suffit-il à refléter l'ensemble des compétences mobilisées dans une situation de formation?
Quels supports faut-il envisager:
• selon les objets à attester?
• selon les modalités d'évaluation prévues?
• aux niveaux national et transnational?

4.3. Quelles modalités d'évaluation peut-on prévoir pour valider les acquis de l'expérience?

a) Selon les référentiels supports.
b) Quelles preuves retenir pour quels types de «savoirs» ou «compétences»?
c) Selon les autorités qui valident.
d) Quelles formes de reconnaissance peut-on envisager entre elles?
e) Peut-on envisager une approche nationale, voire transnationale?
f) Comment observer et évaluer des savoirs théoriques mobilisés à travers le savoir-faire technique dans la manifestation de la compétence?

4.4. Quels parcours de professionnalisation est-il possible de construire?

On voit ici se poser toute la problématique du concept de «formateur» et de ce que recouvre la notion de «métier de formateur» dans un espace sectoriel ou territorial déterminé ou sur un marché donné. Ce parcours varie en fonction du contenu de ces deux items. Mais peut-être pourrait-on malgré tout construire quelques segments de ce parcours en commun?

Ce point pourrait être développé sur deux dimensions:

a) les segments de formation communs et la validation des acquis de ces formations en commun;
b) les indicateurs de la valeur d'une expérience dans le champ sur la base d'une identification commune de certains éléments de cette expérience.

Conception et mise en œuvre du système national de validation de la formation des formateurs en Grèce

Stamatina DIAMANTI

Ekepis — Centre national d'accréditation pour les structures de formation continue

Sommaire

La formation professionnelle en Grèce

Deux systèmes dans le domaine de la formation et de l'enseignement professionnels coexistent en Grèce:

a) le système d'enseignement professionnel, qui fait partie intégrante du système classique d'enseignement grec. Il propose une formation initiale principalement aux jeunes et fournit des titres professionnels reconnus, qui permettent à leur détenteur d'obtenir le permis officiel d'exercer sa profession (pour obtenir ce titre, il faut avoir satisfait à des procédures déterminées par le biais d'examens attestant que le candidat possède les connaissances et compétences requises);

b) le système de formation et d'enseignement professionnels, situé en dehors du système classique d'enseignement. Il propose une formation initiale et/ou continue à des personnes pourvues ou non d'emploi. Les apprentis qui suivent des programmes de formation dans le cadre de ce système obtiennent un certificat d'assistance, qui ne constitue pas un titre officiellement reconnu.

Parallèlement, il existe d'autres types d'écoles de formation professionnelle, également en dehors du système classique d'enseignement, supervisées par différents ministères (par exemple, le ministère de la marine marchande dirige une académie navale, le ministère du tourisme un service de tourisme). Ces écoles fournissent des diplômes permettant l'exercice des professions en question.

Dès lors, nous pouvons conclure qu'il existe en Grèce différents systèmes de formation et différentes réglementations concernant la reconnaissance des diplômes et des titres correspondants. Malgré l'existence d'un système bien structuré d'accréditation de l'apprentissage formel, on constate encore l'absence d'un système d'accréditation des acquis non formels (indépendamment de leur mode d'acquisition, que ce soit par des programmes de formation ou par l'expérience). Des centres de formation (IEK/KEK), qui proposent une formation initiale et continue indépendante du système classique d'enseignement, ont été accrédités récemment pour dispenser la formation; néanmoins, cette formation n'est pas encore accréditée et elle est considérée comme de l'apprentissage non formel. En Grèce, la question de l'accréditation des compétences et des qualifications a été souvent identifiée au problème d'accréditation des programmes de formation professionnelle.

L'absence d'un système cohérent et systématique de formation professionnelle en Grèce, les changements rapides dans l'organisation du travail et le développement consécutif de nouvelles professions, pour lesquelles les systèmes de formation n'ont pas prévu de programmes de formation appropriés, ont abouti à des réglementations permettant aux personnes expérimentées d'exercer certaines professions (principalement, mais non exclusivement, dans le domaine technique) sans être pourvues de qualifications (par exemple, la profession de comptable subordonné pourrait être exercée par une personne pouvant prouver qu'elle dispose d'un certain nombre d'années d'expérience du travail, indépendamment de son bagage académique). Il y a lieu de noter que, tandis que les connaissances et l'apprentissage résultant d'une expérience professionnelle sont considérés comme pertinents et sont souvent associés à des réglementations afférentes aux droits du travail, ils ne sont pas analysés systématiquement et ne correspondent pas nécessairement à des connaissances, qualifications et savoir-faire spécifiques et requis: dès lors, ils ne sont pas reconnus officiellement.

Les professions ayant trait à la formation, y compris la formation des formateurs, sont des exemples typiques de professions exercées sur la base de l'expérience professionnelle. En Grèce, le développement rapide de la formation professionnelle a mis en évidence des besoins qui devaient être satisfaits immédiatement. De ce fait, il n'existait pas de dispositions concernant la formation spécialisée ni de cadre législatif national définissant précisément qui, et avec quelles qualifications, pourrait exercer ces professions de formation. Il en a résulté toute une série de définitions différentes concernant les qualifications des formateurs. En vue d'améliorer le système national de formation professionnelle continue et de redresser les faiblesses mentionnées précédemment, l'Ekepis a été fondé en 1997. Son objectif stratégique est de développer, d'améliorer et d'établir un système national efficace d'accréditation de la formation professionnelle continue (comprenant des systèmes d'accréditation pour les centres de formation, les formateurs et les programmes de formation professionnelle), dans la perspective de reconnaître les qualifications professionnelles dans le cadre des marchés de l'emploi grec et européen. L'Ekepis a déjà mis en application le système d'accréditation des centres de formation et s'occupe à présent de la conception et de la mise en œuvre d'un système d'accréditation pour la formation des formateurs.

Le point central du système d'accréditation des formateurs réside dans l'aptitude du candidat à prouver sa capacité d'exercer une profession de formateur.

L'objectif du système est d'accréditer les qualifications de formateurs des candidats, en attestant toutes les compétences, les habilités et le savoir-faire requis pour exercer la profession de formateur, indépendamment de leur mode d'acquisition (par le biais de parcours éducatifs, par la formation initiale ou continue, par d'autres types de formation ou grâce à l'expérience professionnelle). Il est important d'utiliser des procédures fiables d'évaluation tant du contenu des programmes de formation des formateurs que de l'acquisition des compétences, habilités et qualifications requises.

Les compétences, habilités et qualifications requises des futurs formateurs sont:

a) les qualifications académiques (diplôme universitaire, diplôme d'un établissement d'enseignement postobligatoire, diplôme de fin d'études du lycée, etc.) liées à une profession donnée (par exemple, architecte, plombier, secrétaire, etc.);

b) des compétences et des habilités pédagogiques;

c) des compétences sociales.

Il convient de préciser que la spécialisation de formateur est transversale. Cela signifie que les compétences qu'une personne doit acquérir pour devenir formateur sont liées à tous types de professions (par exemple, architecte, plombier, secrétaire, etc.). Le système d'accréditation des formateurs vise à:

a) confirmer que le candidat possède toutes les qualifications requises pour l'exercice de la profession demandée;

b) fournir, évaluer et accréditer les compétences, les habilités et les qualifications pédagogiques et sociales indispensables à toute personne souhaitant devenir formateur.

Les buts du système d'accréditation des formateurs

a) Adapter le formateur approprié au domaine cognitif/d'expertise approprié. Afin de parvenir à ce but, un registre de formateurs sera constitué. Les formateurs disposant des qualifications académiques requises pour l'exercice de cette profession et d'un minimum d'expérience de l'enseignement seront consignés dans ce registre. Les résultats attendus de cette action sont les suivants:

- établir des normes concernant les compétences requises;
- enregistrer systématiquement les qualifications des formateurs;
- adapter les compétences du formateur à des «domaines d'expertise»/unités de formation thématiques.

b) Définir les profils requis des formateurs de la formation professionnelle continue, à savoir les compétences, habilités et qualifications nécessaires pour devenir formateur.

c) Établir des normes concernant le contenu des programmes de formation des formateurs correspondant aux normes requises (compétences, habilités et qualifications) pour l'exercice de la profession de formateur.

d) Établir des normes similaires pour d'autres types de formation des formateurs (téléformation, apprentissage ouvert et à distance, séminaires en ligne, etc.).

e) Développer un système d'équivalences entre les différents niveaux d'obtention des compétences, habilités et qualifications de formateur. Ainsi tout formateur pourra-t-il choisir le meilleur mode d'apprentissage selon ses besoins.

f) Concevoir et mettre en application des procédures d'accréditation pour les programmes de formation des formateurs. La normalisation du contenu des programmes et leur accréditation garantiront la fiabilité et la transparence en matière d'acquisition des compétences et un niveau commun de connaissances et de compétences pour tous les formateurs.

g) Établir des normes concernant l'organisation qui dispensera la formation des formateurs et des normes destinées aux formateurs de formateurs, visant à assurer la qualité et un niveau élevé de normes pour tous les participants à la procédure de formation des formateurs.

h) Développer une méthodologie pour l'identification, l'évaluation et l'accréditation des compétences pédagogiques antérieures, indépendamment de leur mode d'acquisition (par le biais d'autres programmes de formation ou grâce à l'expérience professionnelle), en vue de spécifier les véritables besoins de formation de chaque candidat, à savoir de définir si, et dans quelle mesure, chaque candidat nécessite une formation, ainsi que le degré des compétences déjà acquises.

i) Associer les résultats de l'évaluation et de l'accréditation de l'apprentissage antérieur à la possibilité d'acquérir une partie ou la totalité des compétences requises par le biais de programmes accrédités de formation des formateurs, conformément aux résultats de l'évaluation. Les candidats suivront des programmes modulaires adaptés à leurs besoins spécifiques.

j) Développer une méthodologie commune pour l'évaluation et la vérification de l'existence des compétences pédagogiques, des habilités et des compétences sociales requises (indépendamment de leur mode d'acquisition, par le biais de programmes accrédités, de l'expérience professionnelle ou d'autres parcours éducatifs). Cela signifie que même les candidats ayant des résultats de vérification positifs devront se soumettre au processus d'évaluation, afin de prouver, à l'instar des autres candidats, qu'ils possèdent ces compétences. L'expérience issue des méthodes basées sur les examens du système classique d'enseignement et/ou des méthodes de recrutement contribuera de façon significative au développement de cette méthodologie.

k) Associer les résultats de l'évaluation à l'accréditation de la capacité de chaque candidat d'exercer la profession de formateur. Les candidats ayant réussi obtiendront l'accréditation officielle de l'Ekepis, qui sera considérée comme la preuve formelle des compétences acquises par le formateur.

La possibilité que cette accréditation soit reconnue officiellement (c'est-à-dire que le diplôme/titre professionnel reconnu garantira des droits de travail même en dehors du système de formation professionnelle d'Ekepis) doit être examinée.

En bref, le système d'accréditation des formateurs:

a) identifie les domaines d'expertise dans lesquels le candidat doit assurer la formation;

b) vérifie et évalue si, et dans quelle mesure, le candidat possède les compétences et qualifications pédagogiques requises;

c) fournit à chaque candidat la possibilité d'acquérir une partie ou la totalité des compétences requises, par le biais de programmes accrédités de formation des formateurs;

d) fournit l'accréditation de la capacité du formateur de dispenser une formation en reconnaissant officiellement le domaine de spécialisation/d'expertise du formateur.

Un paramètre fondamental du système est le développement de méthodologies fiables et objectives d'évaluation et d'accréditation des connaissances, compétences et qualifications. Ces méthodologies fiables garantiront l'accès à toutes les parties intéressées, contribueront à la transparence en matière d'acquisition des compétences et, enfin, rendront le système socialement acceptable tout en revalorisant le rôle du formateur.

Validation des compétences et professionnalisation des formateurs en Autriche

Alfred FREUNDLINGER
IBW — Institut für Bildungsforschung der Wirtschaft
(Institut de recherche sur les qualifications et la
formation dans l'économie autrichienne)

Sommaire

Validation des compétences en Autriche

En Autriche, on rencontre trois formes principales de
validation réglementée des compétences:

a) examens de fin d'études (par exemple dans les
    établissements supérieurs d'enseignement
    technique et professionnel, les formations en
    apprentissage);

b) évaluation au cours de la période de formation
    (par exemple dans les établissements secondaires
    d'enseignement technique et professionnel);

c) examens professionnels, certificats (par exemple
    certificat d'aptitude de formateur, brevet de
    maîtrise).

Validation des compétences des formateurs (formateur en entreprise pour la formation en apprentissage)

2.1. Cadre légal

Les entreprises qui proposent une formation en apprentissage sont reconnues et officiellement répertoriées. Elles doivent remplir certains critères concernant leur infrastructure et le formateur habilité. Toute entreprise formatrice doit posséder une autorisation: généralement, il s'agit de son propriétaire. Il ou elle peut s'occuper directement de toutes les tâches liées à la formation, bien qu'il soit possible de nommer un formateur.

Certains cas requièrent la nomination d'un formateur:

a) si l'autorisation ne concerne pas une personne mais une entreprise [par exemple une société à responsabilité limitée (SARL)];

b) si l'entreprise est trop importante, compte trop de stagiaires/d'apprentis, etc.

La personne habilitée à assurer la formation et le formateur nommé doivent remplir certains critères personnels. Ils doivent tout d'abord être qualifiés dans les domaines pédagogique et professionnel. La qualification professionnelle requise correspond soit à un examen de fin d'études passé après un apprentissage et au moins deux ans d'expérience pratique dans le domaine professionnel concerné, soit à une formation sanctionnée par le diplôme d'un établissement technique avec également au moins deux années d'expérience pratique dans le domaine professionnel, soit à cinq années minimales d'expérience pratique dans le domaine concerné (qui ne doit pas être un stage de formation).

La qualification pédagogique obtenue par un examen de formateur ou une formation sanctionnée à la fin d'un cours de formateur devra être justifiée. L'examen et le cours peuvent être remplacés par des examens ou des qualifications de niveau équivalent tels qu'un examen de formation à l'entreprise, un examen de juriste, etc.

2.2. Historique

L'examen de formateur a été instauré en 1979 à titre de qualification obligatoire, afin d'assurer un niveau pédagogique et légal minimal. Néanmoins, dans la pratique, les entrepreneurs considèrent souvent cet examen comme un obstacle bureaucratique à la formation en apprentissage; les questions de l'examen ont fréquemment été critiquées sur le fait qu'elles étaient trop théoriques et sans rapport avec la pratique. Ces problèmes n'ont pas vraiment été résolus ni en assurant des cours de formation séparés pour les examinateurs, ni en revoyant les sujets.

Les cours préparatoires aux examens sont essentiellement assurés par des organismes de formation continue des partenaires sociaux. Il n'est pas obligatoire d'assister à ces cours. Les tentatives passées, notamment des représentants des employeurs, de rendre la présence à ces cours obligatoire et de faire passer le nombre de leçons de 80 à 100 se sont heurtées à la détermination des représentants de l'industrie opposant l'argument que toute élévation du niveau des conditions requises aurait systématiquement un effet négatif sur le nombre d'entreprises formatrices. Amorcée en 1996, une crise des places d'apprentissage que connurent également d'autres pays européens a provoqué une série de mesures de politique de l'éducation dans l'objectif de faciliter et d'améliorer la situation des entreprises formatrices. Parmi d'autres mesures, une réglementation de 1997 spécifiait que des cours de formation reconnus d'au moins 40 heures, et s'achevant par un exposé technique dans le centre de formation, pouvaient être assimilés à l'examen de

formateur. En outre, un autre règlement stipule que certains examens professionnels (par exemple de juriste, de pharmacien et de créateur d'entreprise) sont équivalents à l'examen de formateur.

Cet exemple de cours de formateur montre que la simplification des procédures pour les entreprises formatrices ne signifie pas nécessairement une dégradation du niveau de qualification des formateurs. Leur objectif initial — à savoir la préparation à un examen externe — est désormais hors propos; c'est l'élargissement des compétences qui se situe au premier plan. L'expérience a montré que les participants à des cours de «transition» ne s'intéressent qu'aux programmes réputés sujets d'examen. Seul un nombre restreint de futurs formateurs suivent le «parcours classique» de l'examen de formateur passé devant une commission. Dès lors, la poursuite du débat sur la politique de l'éducation et la réforme de la qualification des formateurs en Autriche reste d'actualité.

2.3. Examen de formateur

L'examen de formateur correspond soit à un examen individuel passé devant une commission du gouvernement provincial respectif, soit à une partie du brevet de maîtrise. Ce dernier constitue la condition préalable à toute activité indépendante dans de nombreux secteurs de l'artisanat, du commerce et de l'industrie.

L'examen de formateur couvre cinq aspects:

a) détermination des objectifs de formation sur la base de la description et du profil d'emploi:
 - analyse du profil d'emploi au regard de l'organisation des actions de formation,
 - spécification des objectifs individuels de formation;

b) organisation de la formation en entreprise:
 - choix et élaboration des actions de formation adaptées,
 - structuration des activités de formation du point de vue de l'organisation et/ou du temps dans le cadre de la marche de l'entreprise pour atteindre les objectifs fixés;

c) préparation, réalisation et supervision des actions de formation:
 - base des méthodes de formation en entreprise intégrant notamment les méthodes d'activation,
 - recours à un personnel plus nombreux dans le cadre de la formation,
 - utilisation des outils pédagogiques,
 - évaluation;

d) comportement du formateur envers l'apprenti:
 - tâches et responsabilités du formateur,
 - développement personnel de l'apprenti et succès de la formation,
 - aptitude à diriger et motivation,
 - communication et compétence rhétorique;

e) disposition légale relative à la formation: situation de la formation professionnelle en alternance dans le système éducatif autrichien.

La commission d'examen est composée de trois membres: un président et deux adjoints. Ils doivent posséder les connaissances et compétences requises pour une formation en apprentissage, plus un minimum de trois années d'expérience en formation. Les candidats doivent traiter un sujet écrit concernant les domaines a), b) et c) figurant ci-dessus. Les antécédents professionnels du candidat sont pris en compte dans le sujet. Après 30 minutes de préparation, l'examen a lieu sous la forme d'un exposé technique sur les questions écrites qui lui avaient été soumises. L'exposé concerne des sujets des domaines d) et e) et dure entre 30 et 60 minutes.

La commission d'examen évalue le candidat sur chaque sujet en fonction des critères relatifs à la solution et à la moyenne de référence. Un candidat est refusé dès qu'un sujet a obtenu la note «insuffisant» *(nicht genügend).*

Si le candidat souhaite se représenter à l'examen, il doit attendre au moins trois mois. S'il a obtenu la mention «insuffisant» pour un seul sujet, la deuxième tentative sera limitée à ce sujet; toutefois, si l'échec concerne plus d'un sujet, c'est l'examen complet qui doit être repassé.

Les règlements qui s'appliquent à l'examen de formateur s'appliquent également à la partie «examen de formateur» du brevet de maîtrise.

2.4. Cours de formateur

Les cours de formateur reconnus d'au moins 40 heures et sanctionnés par un exposé technique dans le centre de formation sont assimilés à l'examen de formateur. Le programme des cours est axé sur les cinq domaines de l'examen de formateur. Ces cours sont assurés pour l'essentiel par les centres de formation continue des partenaires sociaux.

Questions clés au niveau de l'Union européenne

- Quels sont les caractéristiques et critères qui distinguent un bon formateur?
- Comment la validation peut-elle contribuer à améliorer le processus de qualification des formateurs?
- Quels sont les outils et méthodes adaptés à la validation des compétences des formateurs?

Validation des compétences des enseignants de l'enseignement professionnel en Norvège

Ellen BJERKNES
Institut Akershus

Introduction

La validation est une notion complexe et controversée, car elle recouvre de très nombreuses fonctions:

a) elle répond d'abord au besoin qu'a la société d'évaluer les qualifications professionnelles, de contrôler et de sélectionner. C'est aussi un instrument qui permet à la société de s'assurer des résultats des investissements dans l'éducation;

b) pour un spécialiste de l'éducation, la validation est un outil pédagogique qui permet de stimuler chez l'apprenant la motivation, l'apprentissage et le développement. C'est un outil qui s'adresse à la fois aux étudiants, aux enseignants et aux autorités scolaires et qui vise à garantir la qualité et le développement. Ces deux aspects sont une composante essentielle de la validation. À mon avis, les éléments pédagogiques de la validation doivent être développés et renforcés, afin non seulement d'améliorer la qualité de l'enseignement, mais aussi de répondre aux besoins de la société en matière d'évaluation et de contrôle.

Développer des méthodes qui tiennent compte de ces deux approches doit donc constituer un défi permanent. Ce document adopte la perspective suivant laquelle la validation ne peut pas être décrite ou considérée comme un concept isolé, mais doit être comprise, décrite et analysée en liaison avec les autres notions didactiques que sont les aptitudes et expériences de l'apprenant, les objectifs et le cadre du programme d'enseignement, le processus et les méthodes d'apprentissage, ainsi que le contenu de l'apprentissage.

La validation doit également être replacée dans son contexte, qui est celui d'un outil pédagogique et politique au service d'une société à un moment donné de son histoire. Les méthodes de validation reflètent les approches générales dominantes de l'apprentissage et de la motivation.

Il est important de présenter ici brièvement le contexte norvégien de la formation des enseignants de l'enseignement professionnel et de sa validation.

La formation des enseignants de l'enseignement professionnel en Norvège se fait dans des établissements d'enseignement supérieur et est soumise aux règlements qui régissent tout l'enseignement supérieur.

La réforme globale du système d'éducation norvégien dans les années 90 a relancé les débats sur la validation — validation des performances des étudiants en tant qu'instrument pour le développement et la qualité des établissements scolaires —, ainsi que sur le renforcement de la formation et de l'enseignement professionnels et de la formation des enseignants.

La réforme des compétences, décrite ci-après, donne corps à la nécessité d'adopter de nouvelles approches en matière de validation, dans le cadre du développement de systèmes de reconnaissance des compétences non formelles.

Un programme d'enseignement de base stipule les valeurs et les objectifs fondamentaux de l'éducation, qui sont de former un «être humain intégré» doté de compétences globales comprenant la capacité à coopérer et à communiquer, la sensibilisation à l'environnement, le sens des responsabilités aux niveaux international et mondialisé, des qualifications et des connaissances professionnelles spécifiques, ainsi que des capacités d'innovation et une aptitude à acquérir des compétences.

Tous ces objectifs constituent également un défi pour le système de validation. Comment validons-nous les compétences globales?

Comment valider l'«être humain intégré»?

Un livre blanc sur la *réforme des compétences* (n° 42: 1997-1998) a été présenté au Parlement norvégien (Storting) en mai 1998. Cette réforme, également appelée «réforme de l'éducation permanente et de la formation en cours d'emploi», vise à développer les possibilités de chaque adulte en matière d'éducation, de formation et d'acquisition de compétences.

Les besoins en compétences dans la société, sur le poste de travail et chez l'individu sont à la base de cette réforme. Elle concerne tous les adultes, qu'ils soient ou non sur le marché du travail, et s'inscrit dans une perspective large et à long terme. Elle ne pourra être mise en œuvre qu'avec la contribution active des employeurs, des travailleurs et du gouvernement.

Ce rapport met l'accent sur deux aspects importants: l'apprentissage non formel ainsi que la reconnaissance et la certification de cet apprentissage. Par «apprentissage non formel», on entend toutes les compétences qu'une personne a acquises dans le cadre d'un emploi rémunéré ou non, d'une éducation permanente, d'activités de loisirs, etc., et qui viennent s'ajouter aux compétences déjà acquises et attestées dans le cadre de l'enseignement de base.

Quand on parle de «compétences non formelles», on parle de compétences personnelles, fondées sur l'expérience et sur la pratique professionnelle, et acquises dans des situations d'apprentissage réelles. On parle aussi de compétences «tacites», c'est-à-dire que l'intéressé se considère de fait comme doté de ces compétences — elles ne sont ni attestées ni traduites en mots —, et souvent même l'intéressé n'est pas conscient d'en être doté.

La «certification de l'apprentissage non formel» porte sur les compétences qui n'ont pas déjà été certifiées dans le cadre du système éducatif. Il est essentiel, pour la mise en œuvre de la réforme, qu'un système de certification et de validation de l'apprentissage non formel des adultes soit mis en place et qu'il soit officiellement reconnu à la fois sur le lieu de travail et dans le système éducatif.

La mise en œuvre pédagogique de l'éducation des adultes doit inciter les organismes d'enseignement à cibler désormais l'usager et non plus le prestataire. Ils doivent faire preuve d'une grande flexibilité, car il s'agit de développer des programmes d'enseignement individualisés.

Faire du lieu de travail un espace d'apprentissage, de prise en charge responsable de son propre processus d'apprentissage et d'apprentissage en coopération est également l'un des principes de base.

Réforme 1998

Les programmes actuels de formation des enseignants et des formateurs de l'enseignement professionnel sont conçus sur la base du livre blanc sur la *formation des enseignants* publié en juin 1997.

Un cursus de trois ans est prévu pour la formation des enseignants de la formation et de l'enseignement professionnels et techniques. Il vise à faire acquérir les connaissances théoriques fondamentales nécessaires pour l'enseignement et la formation dans le secondaire supérieur, c'est-à-dire à développer les compétences pédagogiques nécessaires pour l'enseignement dans les cours de base, assez larges, et dans les cours avancés de niveaux I et II, plus spécialisés. Ce cursus de trois ans comprend l'année qui mène au certificat d'enseignant, ainsi qu'une période supplémentaire de pratique pédagogique supervisée (huit à douze semaines).

Pour pouvoir accéder à la formation des enseignants de l'enseignement professionnel, il faut avoir:

a) un diplôme professionnel, un certificat d'artisan ou une formation professionnelle équivalente dans un établissement d'enseignement secondaire supérieur, assortie d'une expérience professionnelle;

b) un «droit général» à accéder aux études, obtenu en principe après trois années d'enseignement secondaire général.

Les nouveaux cursus de trois ans ont démarré à l'automne 2000. Dans ce rapport, il est question du nouveau programme menant au certificat d'enseignant mis en œuvre à l'automne 1998, qui a été conçu sur la base du même livre blanc et, par conséquent, des mêmes valeurs, idées, objectifs et principes fondamentaux.

2.1. Objectifs principaux de la formation des enseignants de l'enseignement professionnel

Les principaux domaines de compétences visés sont les suivants:

• compétence en matière professionnelle;
• compétence morale;
• compétence didactique;
• compétence sociale;
• compétence en matière d'innovation et de développement.

La formation est régie par quatre principes:

a) les «doubles compétences», c'est-à-dire les

compétences à la fois dans une spécialité professionnelle et dans l'art d'enseigner;

b) le respect des traditions et des méthodes d'apprentissage professionnel (didactique de l'enseignement professionnel);

c) le principe de globalité et de cohérence du programme de formation;

d) le principe de l'équivalence avec les autres études des enseignants de l'enseignement général ou professionnel.

2.2. Principes de base de l'organisation du processus d'apprentissage

2.2.1. Apprentissage fondé sur l'expérience

Les expériences personnelles des étudiants sont considérées comme une ressource importante pour le développement des connaissances et de la compréhension. La documentation et la réflexion sur l'expérience acquise au cours d'une pratique professionnelle antérieure ainsi que le programme d'études sont des éléments importants de la formation.

2.2.2. Orientation de la formation

La formation est fortement axée sur les aspects pratiques de la vie professionnelle des étudiants à l'école, et son contenu doit être relié aux problèmes de la vie réelle, c'est-à-dire être contextualisé.

2.2.3. Participation

Les étudiants ont le droit et le devoir de participer à l'élaboration à la fois de leur programme d'études et de leur propre processus d'apprentissage. Afin de garantir la qualité de la formation, les étudiants sont appelés à évaluer l'organisation des cours, leurs professeurs et leur processus personnel d'apprentissage sur la base des objectifs spécifiés dans les lignes directrices nationales en matière de programmes d'enseignement et dans la brochure de l'établissement, ainsi que de leurs propres aspirations en ce qui concerne l'impact du programme. Ils sont représentés dans les divers organes de prise de décision de l'établissement.
Ils doivent participer activement à la programmation, à la réalisation et à l'évaluation de leur propre processus d'apprentissage. Les cours ne sont pas définis de manière fixe et rigide, et les étudiants et les enseignants élaborent ensemble leur programme sur la base du programme-cadre.

2.2.4. Intégration de la théorie et de la pratique

L'apprentissage fondé sur l'expérience et l'intégration de la théorie et de la pratique constituant des principes de base, les tâches assignées aux étudiants s'inspirent des problèmes réels rencontrés à l'école et dans le monde du travail. Les problèmes et les expériences sont analysés et évalués à la lumière des théories pertinentes. Cette approche permet aux organismes de formation d'adapter les principaux domaines d'études des lignes directrices nationales en matière de programmes d'enseignement en fonction de la situation professionnelle des étudiants, de la formation qu'ils ont reçue et de leur expérience pratique.

2.2.5. Intégration des connaissances, des qualifications et des attitudes, ou processus d'apprentissage affectif

Les aspects pratiques, cognitifs et affectifs font partie intégrante de l'enseignement et de l'innovation et sont par conséquent pris en compte dans l'élaboration des tâches et du processus d'apprentissage.

2.2.6. Méthodes de travail

Le programme prévoit des conférences, des présentations et des discussions en plénière, des séances de groupes sur la façon de résoudre des problèmes et sur l'élaboration de projets, l'enregistrement vidéo de sessions de formation, ainsi que d'autres formes d'apprentissage en groupe.

2.2.7. Organisation de la formation

Le programme de formation menant au certificat d'enseignant peut être suivi sur une année à temps plein ou sur deux années à temps partiel.

2.3. Principaux domaines d'études

a)   Théorie de l'enseignement (10 points, six mois d'études à temps plein).
b)   Didactique de l'enseignement professionnel (10 points, six mois d'études à temps plein).
c)   Enseignement supervisé et stage de formateur d'au moins douze à quatorze semaines.

La théorie de l'enseignement et la didactique professionnelle sont étudiées tout au long du programme. L'enseignement spécialisé, les technologies de l'information et de la communication et le norvégien sont intégrés aux principaux domaines d'études.

2.3.1. Enseignement supervisé et stage de formateur

L'enseignement supervisé et le stage de formateur se déroulent dans les établissements scolaires et les entreprises. Une expérience pédagogique dans le secondaire supérieur est obligatoire. D'autres formes de pratique pédagogique ou de stage de formateur effectués dans les écoles primaires, les entreprises ou d'autres organismes sont considérées comme pertinentes et appropriées pour l'acquisition de qualifications en matière de supervision ou de tutorat.

3

Systèmes de validation des compétences: nouvelles pratiques

En Norvège, actuellement, la tendance est à s'éloigner des méthodes d'évaluation traditionnelles, comme les examens écrits, pour se tourner vers des méthodes nouvelles, comme la constitution d'un «portfolio documentaire», la rédaction d'un «journal de bord», la rédaction de rapports, l'élaboration d'un projet, un travail de développement ou d'innovation, ou encore des rapports/documents de réflexion sur la pratique pédagogique.

Les examens ou les tests traditionnels ainsi que la validation sommative constituent une approche positiviste. La validation est censée être un instrument de sélection et de contrôle des connaissances dans une situation et à un moment donnés.

Les nouvelles méthodes sont davantage axées sur l'apprenant et constituent une approche plus humaniste, «holistique», qui permet de faire de la validation un outil d'apprentissage et de développement. Dans le cadre de ces nouvelles méthodes d'évaluation, l'enseignant et l'étudiant discutent et s'entendent sur ce qui sera validé et de quelle manière, ainsi que sur les critères de la validation. Dans le cadre d'une approche constructiviste et humaniste, il est nécessaire que le processus et les résultats de la validation soient influencés par le contexte, par la perception de l'étudiant de la pertinence de l'évaluation, par la relation entre l'étudiant et l'évaluateur ainsi que par la compréhension de l'objectif de l'évaluation.

Les principes/éléments de base de cette approche sont l'automotivation des étudiants, une définition commune des stratégies, un suivi par les deux parties des progrès accomplis et l'instauration d'une relation étroite entre l'étudiant et l'évaluateur.

Il faut souligner que les points de vue et théories positivistes et humanistes/constructivistes ne sont pas nécessairement contradictoires, mais qu'ils permettent de mettre l'accent sur différents aspects. Une approche positiviste de la validation souligne l'importance de disposer de systèmes efficaces pour définir l'objet de l'évaluation, les résultats observables et la transférabilité. L'approche humaniste/constructiviste, quant à elle, met l'accent sur l'importance de l'interaction, ainsi que sur les conséquences qu'ont les facteurs sociaux et personnels sur le succès ou non de la validation.

3.1. Méthodes de validation de la formation des enseignants de l'enseignement professionnel

Mentionnons d'abord quelques aspects généraux: la participation des étudiants au programme de formation est le moyen le plus efficace et le plus approprié pour évaluer la professionnalisation dans ce domaine. L'enseignant, en collaboration avec le tuteur de la formation pratique pédagogique, est chargé d'orienter l'étudiant «hors de la formation», s'il estime que celui-ci n'est pas apte à suivre le programme ou qu'il représente un danger potentiel pour les enfants et les jeunes.

Il est procédé à une évaluation continue pendant toute la durée du programme d'études. La validation doit refléter les objectifs centraux du programme d'enseignement, ainsi que les objectifs personnels d'apprentissage de l'étudiant, les méthodes utilisées et l'autoévaluation de l'étudiant. Les critères de validation sont discutés et élaborés en commun par les professeurs et les étudiants; en effet, le développement d'une compréhension commune fait partie des objectifs de la formation.

3.1.1. Validation et séance de tutorat

Il s'agit ici de la partie pédagogique pratique, où l'étudiant donne un cours dans sa classe ou dans celle de son tuteur, qui l'évalue. La validation prend la forme d'un dialogue, d'une réflexion commune sur la pratique. Les objectifs personnels d'apprentissage de l'étudiant, le plan qu'il a préparé pour son cours ainsi que les observations et les conclusions qu'il tire de sa performance constituent la base de cette séance. Cette approche/méthode n'est pas nouvelle. Cependant, ces dernières années, la formation pédagogique pratique est devenue plus formelle et prévoit davantage de tâches obligatoires à accomplir. En un sens, le rôle du tuteur et l'importance des séances de tutorat et de la validation ont été renforcés, pour devenir un outil pédagogique et un outil de validation. Une des raisons en est que le nombre de cours avec l'enseignant responsable a diminué.

Les principes de base de la validation sont les suivants:

a) l'évaluateur/le tuteur et l'étudiant doivent avoir des expériences différentes;

b) la validation est fondée sur la réflexion et le dialogue;

c) l'étudiant et le tuteur sont des participants au même titre, mais c'est le conseiller qui est le responsable: il existe donc une certaine asymétrie;

d) l'étudiant s'est fixé des objectifs d'apprentissage dans le cadre de cette séance et il a établi un plan pour le cours qu'il doit donner;

e) l'étudiant et le conseiller ont discuté du plan et y ont éventuellement apporté des modifications.

Après la séance, l'étudiant et le conseiller réfléchissent ensemble et discutent de la façon dont elle s'est déroulée, et ils décident de ce qui peut être amélioré, en en faisant un objectif d'apprentissage pour la séance suivante.

3.1.2. *Portfolio documentaire*

Le portfolio documentaire peut être ainsi défini: «sélection pertinente de travaux de l'étudiant qui montre les efforts, les progrès et les performances accomplis par celui-ci dans un ou plusieurs domaines. Le portfolio doit faire apparaître la contribution de l'étudiant à la sélection du contenu, les critères de sélection, les critères de jugement, ainsi que la preuve que celui-ci a procédé à une réflexion sur lui-même» [16].

Les objectifs du portfolio documentaire sont les suivants:

a) inciter les étudiants à participer activement à leur processus d'apprentissage;

---

[16] Taube, 1998, p. 11.

b) stimuler l'activité, le sens des responsabilités et de l'engagement;

c) développer la connaissance de soi;

d) développer les aptitudes à la communication et à la coopération.

Les étudiants peuvent travailler sur deux types de portfolios: un portfolio complet des travaux effectués ou un portfolio sélectif.

Un portfolio complet est un ensemble de documents sur le processus d'apprentissage et les travaux accomplis, tandis que le portfolio sélectif est une sélection des travaux contenus dans le portfolio complet.

Dans la formation de l'enseignant, les deux approches sont utilisées. Dans le cadre de la formation pratique supervisée, les étudiants élaborent des plans pour leurs cours et rédigent ensuite des documents de réflexion. Une sélection des plans écrits doit être présentée dans le cadre de la tâche obligatoire 5 (voir point 3.2.1). Dans le cadre de la tâche obligatoire 7 (voir point 3.2.1) — le document de réflexion sur la théorie de l'enseignement —, les étudiants peuvent sélectionner des documents de réflexion sur des parties ou des événements du processus d'étude/apprentissage pour mettre en valeur leur propre processus d'apprentissage et leurs observations.

3.1.3. *«Journal de bord»: une partie du processus d'apprentissage et une base pour le système informel de validation*

Le journal de bord peut faire partie d'un portfolio complet des travaux. L'objectif en est de développer la capacité de l'étudiant à observer et décrire, à exprimer ses sentiments et à faire part de ses réflexions.

Il peut être utilisé comme un instrument de formation et comme un instrument de validation de la performance en classe — comme un instrument à la fois à l'usage de l'étudiant et de l'enseignant. Il peut ainsi servir de base à la rédaction du document de réflexion (voir tâche obligatoire 7) qui compte pour 50 % de la note en théorie de l'enseignement.

Un journal de bord peut contenir les réponses aux questions suivantes:

• Qu'est-ce que j'ai/nous avons fait?

> Qu'en est-il ressorti?

• Qu'ai-je ressenti?

> Quand ai-je agi de telle ou telle manière?
> Quand cela s'est-il passé?

• Je réfléchis à ce qui s'est passé.

• Je tire les leçons de ce qui s'est passé.

Il s'agit, dans un premier temps, de décrire une tâche, un événement qui a eu lieu en classe/en groupe/sur le lieu de travail/en atelier, dans un deuxième temps, d'exprimer par écrit les sentiments ressentis lors de cet événement ou lors de l'accomplissement de la tâche et, dans un troisième temps, d'exprimer les réflexions qu'inspire cet événement en y repensant quelque temps plus tard.

3.2. Validation formelle — Notation

L'étudiant se voit attribuer trois notes: une en théorie de l'enseignement, une en didactique professionnelle et une en pratique pédagogique. Aucune note n'est attribuée sur la base d'examens écrits, selon la nouvelle pratique entrée en vigueur à l'automne 1998.

Pour se voir attribuer ces notes, les étudiants doivent avoir exécuté de manière satisfaisante les tâches obligatoires décrites dans le point suivant.

La note en théorie de l'enseignement est attribuée pour 50 % à la tâche obligatoire 7 et pour 50 % à un examen oral sous forme de dialogue entre l'étudiant, l'enseignant responsable et un examinateur externe.

La note en didactique professionnelle est attribuée pour 50 % à la tâche obligatoire 6 et pour 50 % à un examen oral sous forme de dialogue entre l'étudiant, l'enseignant responsable et un examinateur externe.

Ces deux notes s'échelonnent de 1,0 à 4,0; 1 représente la note la plus élevée et 4 représente la note la plus basse, en dessous de laquelle l'étudiant n'est pas reçu. Pour ce qui est de la pratique pédagogique, soit l'étudiant réussit, soit il échoue. Il est suivi par un tuteur et doit donner un certain nombre de cours suivis de séances de tutorat; il doit rédiger des plans pour les cours qu'il doit donner et élaborer un document de réflexion montrant son analyse et ses réflexions a posteriori.

3.2.1. Tâches obligatoires à valider au cours des études

À l'Institut de formation délivrant le certificat d'enseignant de l'enseignement professionnel d'Akershus, les étudiants doivent exécuter, dans le cadre du programme, sept tâches écrites obligatoires qui doivent être approuvées par l'enseignant.

Les étudiants et l'enseignant discutent ensemble des critères d'évaluation. Établir une compréhension mutuelle entre les étudiants et l'enseignant sur la pertinence des critères est en effet l'un des objectifs de la formation. Dans certaines classes, les étudiants ont l'habitude de choisir eux-mêmes deux ou trois critères de validation. C'est le cas, par exemple, pour l'examen oral de la tâche obligatoire 6 (travail d'innovation), qui sert de base à la notation en didactique professionnelle.

Il faut également souligner qu'une tâche écrite qui n'est pas jugée satisfaisante est considérée comme «non encore terminée»; l'étudiant a ainsi la possibilité, après la séance de tutorat, d'améliorer son travail dans un délai donné.

Les étudiants sont informés par écrit et par oral de leurs résultats.

Tâche 1: les étudiants doivent rédiger un plan de cours, décrire la façon dont ils vont le mettre en œuvre et préparer un document de réflexion sur la manière dont s'est déroulée la séance. Ces cours sont donnés à d'autres étudiants, ce qui permet un échange de vues entre les étudiants. Les étudiants doivent réfléchir à la qualité des informations de retour et construire des critères d'évaluation de la qualité de ces informations.

Tâche 2: didactique professionnelle: il s'agit de décrire les tâches effectuées dans la vie professionnelle, d'analyser le type de qualifications requises dans la société pour exécuter ces tâches et d'analyser si le programme d'études répond aux objectifs nécessaires.

Tâche 3: projet: les étudiants choisissent un thème de projet qui leur convienne et qui soit pertinent dans le cadre du programme d'enseignement. Ce travail est exécuté en groupe et les résultats doivent être présentés dans un rapport écrit. Les étudiants le présentent devant toute la classe et entendent ainsi les réactions sur leur présentation.

Au cours de ce processus, l'enseignant joue le rôle de tuteur et les étudiants doivent participer à au moins deux séances de tutorat.

Tâche 4: didactique professionnelle: l'étudiant décrit le plan de mise en œuvre et d'évaluation d'un cours dispensé dans sa discipline professionnelle dans un établissement d'enseignement secondaire supérieur. Cette tâche comprend également un travail de réflexion et d'analyse sur la séance: qu'ai-je réussi, qu'ai-je appris, que puis-je améliorer/faire différemment, à un moment plus opportun, etc.

Tâche 5: rapports sur la formation pratique supervisée et les études, basés sur les besoins personnels d'apprentissage des étudiants. Les objectifs du programme sont fondés sur des problèmes identifiés.

Tâche 6: projet de groupe, dont l'objectif est de préparer, d'exécuter et d'évaluer un travail de développement/d'innovation dans la discipline professionnelle de l'étudiant. Ce projet fait partie du système formel de validation et fait donc l'objet d'une évaluation et d'une notation.

Tâche 7: document de «réflexion» qui présente les expériences pédagogiques de l'étudiant, dans lequel un lien est établi entre la théorie pédagogique et l'expérience et qui est censé décrire le parcours des étudiants «de la théorie à la pratique». C'est sur la base de ce document, ainsi que d'un examen oral, qu'est notée la théorie de l'enseignement.

Validation des compétences professionnelles: nouvelles pratiques

Ces nouvelles pratiques sont entrées en vigueur à l'automne 1999. Cette validation doit faire partie de la validation globale des qualifications professionnelles, pédagogiques et personnelles de l'étudiant pour exercer en tant qu'enseignant. Les étudiants considérés comme un danger potentiel pour les enfants en âge préscolaire et pour les droits, la sécurité et la santé physique et mentale des élèves ne sont pas aptes à enseigner. S'il existe le moindre doute sur l'aptitude de l'étudiant à enseigner, des procédures spéciales sont appliquées, au cours desquelles seules les situations directement liées aux études doivent être évaluées. Les étudiants doivent être informés de ces procédures. À partir de l'automne 2000, tous les étudiants commençant une formation d'enseignant doivent fournir la preuve qu'ils ont un casier judiciaire vierge.

4.1. Critères de «validation de l'incompétence professionnelle»

Les directives du ministère de l'éducation et de la recherche stipulent les critères suivants:

a) l'étudiant fait preuve d'un manque de volonté ou de capacité à diriger les processus d'apprentissage et à prendre en charge les enfants ou les jeunes, conformément aux objectifs et lignes directrices concernant le monde scolaire;

b) l'étudiant ne fait pas preuve de la volonté ou de la capacité nécessaires à voir et à comprendre ce qui se passe dans une classe, créant ainsi un environnement néfaste à la sécurité et à la santé physique et mentale des enfants et des jeunes;

c) le comportement de l'étudiant n'est pas conforme au modèle qu'il doit donner aux enfants et aux jeunes, conformément aux objectifs et aux lignes directrices concernant le monde scolaire;

d) l'étudiant n'a pas la volonté ou la capacité nécessaires pour communiquer et coopérer avec les enfants, les jeunes et les adultes;

e) l'étudiant a des problèmes d'adaptation à son environnement;

f) l'étudiant fait preuve de faibles capacités d'introspection ou n'a pas fait preuve de ces capacités dans les situations qui ont été auparavant discutées lors de séances de conseil et d'orientation.

Défis pratiques

La formation des enseignants s'est fixé des objectifs ambitieux: le processus d'apprentissage est centré sur l'acquisition d'une compétence large et complexe, une compétence qui se manifeste dans l'action. Dans l'action, une personne donne la preuve de l'intégration de ses connaissances, de ses aptitudes et de son attitude dans un contexte donné ou une situation spécifique. Le processus d'apprentissage est également centré sur la capacité de l'étudiant à réfléchir aux situations qui se présentent et à réfléchir sur lui-même, en tant qu'individu devant agir dans une situation complexe.

Le débat doit continuer sur les questions suivantes:

a) Le système de validation reflète-t-il bien les objectifs formulés en matière d'éducation, de valeurs, de concepts de connaissance et d'apprentissage qui constituent les fondements de l'enseignement?

b) Le système valide-t-il réellement une compétence globale, ou des aspects importants de cette compétence globale seront-ils exclus du processus de validation?

L'examinateur externe a-t-il l'expérience nécessaire pour exprimer un jugement lors d'un examen au cours duquel les étudiants, l'enseignant et lui-même sont appelés à explorer ensemble un thème? A-t-il la même perception des concepts de connaissance et d'apprentissage?

Nous devons encore répondre à la question de savoir comment valider une compétence large intégrée dans la pratique.

L'un des principes fondamentaux est l'«expertise en matière d'éducation» ou «les bonnes pratiques reconnaissent les bonnes pratiques» (Eisner, 1991). Le praticien réfléchi et expérimenté utilise pour la validation une série de normes de qualité. Il analyse par exemple la question de savoir comment agir dans des situations pratiques sociales spécifiques, et quelles sont les caractéristiques des bonnes pratiques.

On peut réfléchir à ce que sont les bonnes pratiques ou les décrire, mais c'est une autre question de savoir si les bonnes pratiques peuvent être normalisées. Comme elles sont toujours contextualisées, elles interviennent toujours dans des situations données et impliquant d'autres personnes.

Les bonnes pratiques peuvent être décrites et analysées, et des critères de validation peuvent être établis sur la base de cette analyse. (Quelles sont les diverses phases d'exécution d'une tâche professionnelle? Quelles sont les qualifications nécessaires pour exécuter cette tâche? Qu'est-ce qui doit être appris? Comment peut-on juger si le résultat est bon ou suffisamment bon?)

Il faut également se poser la question de savoir s'il est possible de disposer de méthodes normalisées pour la validation des compétences des enseignants de l'enseignement professionnel. Il est cependant possible de définir des principes devant régir des méthodes de validation qui mettent l'accent sur la communication, la réflexion et le dialogue.

Bibliographie

- Ecclestone, Kathryn, *How to assess the vocational curriculum,* Kogan Page, 1996 (ISBN 0-74941706-4).
- Eisner, Elliot, *The enlightened eye,* MacMillian Publishing Company, New York, 1991 (ISBN 0-02-332125-3).
- *Livre blanc sur la formation des enseignants* (St. m. n° 48, 1996-1997).
- *Livre blanc sur la réforme des compétences* (St. m. n° 42, 1997-1998).
- Ministère norvégien de l'éducation, de la recherche et des cultes, *Programme de base d'enseignement,* Norvège, 1993.
- Ministère norvégien de l'éducation, de la recherche et des cultes, *Lignes directrices nationales en matière de programme d'enseignement pour la formation pédagogique des enseignants,* Norvège, 1999.
- Taube, Karin, *Mappevurdering,* Tano Aschehoug, 1998 (ISBN 82-518-37-93-6).

Marchés de la formation professionnelle et validation des compétences des professionnels portugais de la formation

Horacio COVITA
Inofor — Instituto para a Inovação na Formação
(Institut pour l'innovation de la formation)

Introduction

Cet exposé se veut la systématisation d'une approche qui intègre les compétences des professionnels de la formation, à la lumière des tendances évolutives des marchés de la formation au Portugal; il y est question par ailleurs d'un modèle transversal de bilan des compétences du professionnel de la formation, s'articulant avec un système de formation par crédits. La communauté de la formation professionnelle européenne est le lieu d'un débat portant sur un ensemble de réflexions utiles à l'élaboration de «passerelles de dialogue» pour la reconnaissance réciproque des systèmes nationaux de validation des compétences et de reconnaissance des acquis des professionnels européens de la formation; en même temps, la matérialisation du principe européen de la libre circulation des travailleurs n'est pas perdue de vue. C'est ainsi que se développent les thèmes suivants: marchés de la formation professionnelle; professionnel de la formation; domaines et modalités de la formation; bilan de compétences transversales.

Sommaire

Défis lancés à la formation par l'innovation

La diffusion de l'innovation lance de nouveaux défis à la formation professionnelle, notamment aux organismes de formation et aux professionnels de la formation, en exigeant de leur part des compétences nouvelles; nous nous trouvons en effet en présence de formes différentes d'apprentissage et de développement des compétences. Les sentiments et les attentes des clients des organismes de formation sont également différents; les nouveaux défis exigent des attitudes différentes; ils déterminent en particulier l'abandon des formes peu compétitives de penser la formation auprès des professionnels de la formation, des organismes de formation, et notamment des départements de formation des organisations. Aujourd'hui, les clients de la formation perçoivent leur lieu de travail et leur domicile comme des espaces «naturels» d'apprentissage; sans aucun doute, les opérateurs et les professionnels de la formation doivent orienter leurs stratégies, produits et interventions vers ces nouveaux «objectifs» de la formation et développer par conséquent les compétences organisationnelles et personnelles que cette réalité exige.

Les organismes et les professionnels de la formation ont un double rôle d'identification et de diffusion de l'innovation, puisque, au-delà de changements profonds advenus dans l'«espace» d'apprentissage, nous assistons également à de grandes transformations autour de la formule «comment et avec qui» apprendre:

a) **pratiquer l'innovation à son propre profit:** les organismes eux-mêmes et les professionnels peuvent renforcer leurs compétences, à travers le développement d'actions de diagnostic et d'identification des pratiques formatrices innovantes (évaluation des performances dans la formation) et l'intégration correspondante de ces nouvelles connaissances et pratiques novatrices dans les cycles de la production et du travail inhérents à l'organisme formateur lui-même;

b) **diriger (efficacement et en connaissance de cause) des processus d'innovation:** les connaissances et les aptitudes (individuelles et organisationnelles) engendrées à partir des pratiques d'intégration de l'innovation dans l'organisme formateur lui-même produiront une «masse critique» compétitive, utile stratégiquement à l'organisme ou au professionnel de la formation pour qu'ils s'affirment en tant que partenaires ou acteurs privilégiés dans la conduite des processus d'innovation au sein des organisations clientes, ou en tant qu'animateurs par excellence d'équipes focalisées sur les «bonnes pratiques» qui, au sein des organisations clientes, dirigeront les processus d'innovation.

Le développement d'une stratégie attestant l'acceptation des deux rôles susmentionnés peut garantir une fonction de premier plan et, par-dessus tout, des compétences distinctives qui renforcent l'affirmation de l'organisme ou du professionnel sur leur marché.

La formation professionnelle peut être vécue comme une constellation de comportements et de compétences pouvant favoriser la concentration des organismes formateurs et des professionnels de la formation sur l'innovation, en tant que moteur de la productivité, de la compétitivité et de la satisfaction; ainsi la formation peut-elle être:

a) une forme de préoccupation;

b) un partenaire du changement;

c) une préparation pour approcher des situations de risque;

d) un instrument stratégique, et non une finalité en elle-même;

e) un lien permanent à la culture et aux affaires de l'organisation;

f) un processus de centrage sur la compétitivité des personnes, des équipes et des organisations;

g) un dilemme permanent, car la formation présuppose l'amélioration de la «performance» et la satisfaction/réalisation des personnes.

Les marchés de la formation professionnelle au Portugal

À l'heure actuelle, au Portugal, il importe que toute référence à la formation professionnelle et aux professionnels en particulier soit faite sous forme segmentée; nous pensons en effet qu'il existe quatre marchés — un marché des «opérateurs publics», un marché des «organismes sociaux», un marché «interentreprises et intraentreprise» et un marché «"eLearning" et réseaux de la connaissance» — avec des périmètres bien définis et des réalités bien distinctes, notamment en ce qui concerne la manière dont la formation est considérée et utilisée, la perception du «statut» du professionnel de la formation et les compétences dont devrait faire preuve ce professionnel face à chaque marché.

Par ailleurs, le degré d'ouverture au changement et l'adhésion à l'innovation sont vécus à des degrés différents d'intensité par les quatre marchés, avec, entre autres conséquences, la stimulation ou l'inhibition de la mobilité des professionnels de la formation; en termes pratiques, cela signifie qu'il existe des marchés ou des segments de marché extrêmement perméables et qui adhèrent à la formation dynamisée par les professionnels de la formation originaires d'autres cultures organisationnelles; en revanche, il existe des marchés ou des segments de marché de la formation professionnelle où, en règle générale, aucune crédibilité ni légitimité n'est reconnue à un formateur provenant d'une autre culture organisationnelle.

La définition, présentée ci-après, des quatre marchés de la formation professionnelle au Portugal doit être comprise du point de vue du professionnel de la formation, et le «comportement» relevé dans les dimensions d'analyse utilisées — «caractéristiques principales», «défis à la formation», «rôles du professionnel de la formation» et «prospective» — permet de relier les marchés deux par deux avec, d'un côté, les opérateurs publics et les organismes sociaux et, de l'autre côté, le marché interentreprises et intraentreprise, l'«eLearning» et les réseaux de connaissance (voir ci-après graphique), ce qui est considéré comme significatif, car pouvant donner lieu à des «mouvements» des deux groupes de marchés dans des sens différents, avec le risque d'engendrer des difficultés dans les articulations et les intégrations nécessaires à la reconnaissance et à l'intelligibilité réciproques des compétences, des programmes, des dispositifs et de la mobilité des professionnels, en plus des implications évidentes sur le développement futur du système de formation professionnelle.

Graphique 1:

Les marchés de la formation (selon l'optique des professionnels de la formation)

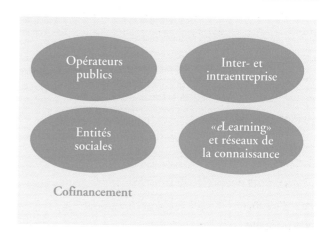

3.1. Opérateurs publics

MARCHÉS DE LA FORMATION	CARACTÉRISTIQUES PRINCIPALES	DÉFIS À LA FORMATION	RÔLE DES PROFESSIONNELS DE LA FORMATION	PERSPECTIVES
MARCHÉ DES OPÉRATEURS PUBLICS	Qualification Employabilité Gestion de fonds communautaires et publics Approches institutionnelles de la formation focalisées sur les processus internes des cycles de formation Certification des formateurs (système national de certification professionnelle — SNCP) Système d'accréditation d'organismes de formation	La formation comme chaîne de production de valeur pour les intéressés, notamment pour leurs destinataires et clients Intégration et transparence des solutions de formation	Analyse prospective de l'évolution des groupes de compétences (par secteurs, groupes de population, etc.) Références et stratégies globales de formation, conception de dispositifs facilitant l'apprentissage dans les nouveaux contextes Conception et développement de programmes par objectif Développer des méthodologies de validation des compétences et des modèles d'évaluation par objectif	Intégration et transparence des modèles et dispositifs de validation Programmes fondés sur les nécessités sociales et économiques La conception de la formation et le développement de cours élaborés par objectif et par solution Modèles d'évaluation centrés sur des systèmes de bilan des compétences

3.2. Entités sociales

MARCHÉS DE LA FORMATION	CARACTÉRISTIQUES PRINCIPALES	DÉFIS À LA FORMATION	RÔLE DES PROFESSIONNELS DE LA FORMATION	PERSPECTIVES
MARCHÉ DES ENTITÉS SOCIALES	Grande dépendance publique Dépendance des fonds publics et communautaires Proximité par rapport aux personnes, notamment aux populations sensibles	Autonomie et responsabilisation sociale Insertion et différenciation professionnelles Solutions intégrées basées sur la coopération et la complémentarité locales	Entraîneurs et animateurs constituant les profils internes les plus courants Gestion, articulation et adéquation des offres et demandes locales Spécialisation locale et professionnalisation des formateurs de manière à réduire l'indifférenciation technique et l'excès de mobilité	Spécialisation et professionnalisation des organisations Émergence de nouvelles compétences et de profils de formation focalisés sur la diffusion et le transfert de pratiques

3.3. Marché interentreprises et intraentreprise

MARCHÉS DE LA FORMATION	CARACTÉRISTIQUES PRINCIPALES	DÉFIS À LA FORMATION	RÔLE DES PROFESSIONNELS DE LA FORMATION	PERSPECTIVES
MARCHÉ INTERENTREPRISES ET INTRAENTREPRISE	La formation fait partie d'une solution La formation comme valeur pour la compétitivité et le développement	Les compétences en matière de formation migrent rapidement des «services centraux» vers le lieu de travail Formation focalisée sur les équipes d'apprentissage coopératif *(learning teams)* Le lieu de travail suscite l'émergence de nouvelles stratégies et méthodologies d'apprentissage *(learning bay)*	Conseil Encadrement (le formateur comme modèle) Tutorat Les superviseurs et les gestionnaires d'équipe sont les formateurs «naturels»	Le professionnel de la formation comme agent du transfert de pratiques éprouvées Le formateur comme appui et consultant des *bench markers* Le formateur comme animateur des équipes d'apprentissage coopératif

3.4. «*e*Learning» et réseaux de connaissance

MARCHÉS DE LA FORMATION	CARACTÉRISTIQUES PRINCIPALES	DÉFIS À LA FORMATION	RÔLE DES PROFESSIONNELS DE LA FORMATION	PERSPECTIVES
MARCHÉ «ÆLEARNING» ET DES RÉSEAUX DE CONNAISSANCE	Les individus et les équipes d'apprentissage constituent le foyer central de la diffusion de connaissance L'apprentissage informel et l'apprentissage coopératif médiatisé et les compétences et connaissances émergentes (en rapport avec la «nouvelle économie»)	Comment valider les compétences acquises dans ces nouvelles structures d'apprentissage? Comment apprendre en environnements virtuels, perturbés et déstructurés?	Nouveaux défis pour les prochains profils du tuteur et du moniteur Le «formateur» informel comme partenaire d'un contrat d'apprentissage? Le professionnel de la formation devra être perçu comme une personne de la culture et du contexte des individus apprenant dans ces environnements	Les apprentissages «à domicile» et «sur le lieu du travail», soutenus par des réseaux locaux et naturels, constitueront les formes les plus dynamisantes de «formation continue», administrées par les réseaux eux-mêmes Dans ces environnements d'apprentissage, le professionnel de la formation sera-t-il indispensable et trouvera-t-il un espace?

Répartition des compétences des professionnels portugais de la formation

Répartition de certains exemples de compétences en fonction des profils, modalités et domaines de formation

PROFILS DE FORMATION	Domaines de formation / Modalités de formation	Formation en présence du formateur	Formation dans le contexte du travail	Formation ouverte et à distance	Formation informelle et autoformation
GESTIONNAIRE DE FORMATION	Analyse des besoins	Identifier les compétences critiques requises par les objectifs stratégiques			
	Gestion prévisionnelle des référentiels et des programmes				
CONCEPTEUR DE FORMATION	Conception des programmes			Modèle d'objectifs d'apprentissage	
	Conception des contenus		Conception d'aides au travail		
	Conception pédagogique	Planification d'unités d'apprentissage			
	Conception de l'évaluation	Définition de critères et conception de test d'évaluation		Conception de postes d'évaluation avec *feed-back*	
COORDINATEUR DE FORMATION	Coordination des formateurs	Garantir l'articulation entre les formateurs			
	Production de matériels et diffusion				Diffuser un dossier d'aides au travail
	Gestion de la logistique de la formation		Mobiliser la hiérarchie pour la supervision du stage	Garantir la fiabilité de la plate-forme et des connexions sur le «net»	
FORMATEUR, TUTEUR ET MONITEUR	Coordination et animation des participants	Diriger un débat de consolidation			
	Diffusion et gestion d'apprentissage	Préparer, appliquer et explorer les résultats d'un test		Dynamiser un *forum* de discussion	
	Modèle de présentations et diffusion				Dynamiser un *journal club*
AUDITEUR DE LA QUALITÉ DE LA FORMATION	Évaluation de l'impact de la formation		Mesurer le retour d'investissement d'un stage		

**Graphique 2: Bilan des compétences transversales du professionnel de la formation —
Un modèle de rapprochement**

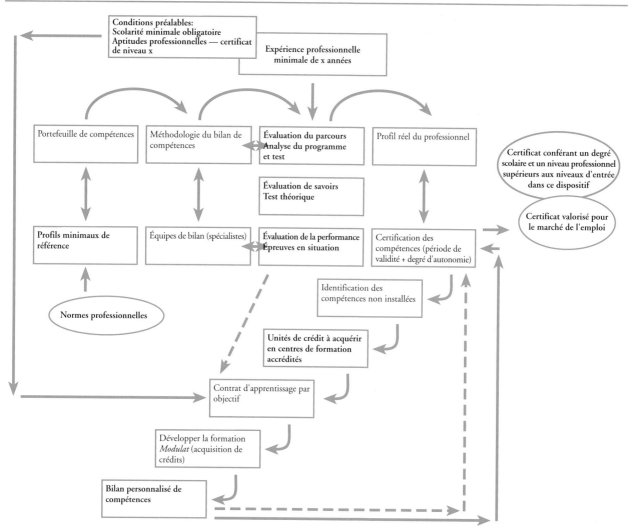

Commentaires sur le modèle de bilan des compétences transversales du professionnel de la formation

Il devient urgent de mettre en œuvre une méthodologie de l'évaluation de la formation — donnée par les professionnels de la formation — en rapport avec les compétences et s'articulant autour des programmes conçus par objectif, qui peuvent être réalisés de manière flexible, en termes de périodes, de modalités et de dispositifs d'apprentissage; ces méthodologies garantiront de la sorte la reconnaissance des compétences validées.

Par ailleurs, il est prioritaire de mettre en œuvre des mécanismes de reconnaissance et de validation des «groupes» de compétences acquises avec succès par les professionnels de la formation dans des environnements de travail et de formation explicites et/ou informels, au moyen de dispositifs transparents et cohérents, valables techniquement, reconnus par les organismes officiels et légitimés par les marchés de la formation professionnelle.

Le modèle présenté ci-dessus constitue une contribution à ces desiderata; il peut être approfondi dans le cadre d'un débat élargi au niveau national, en articulation avec les réseaux transnationaux — TTnet, par exemple —, qui a pour mission d'identifier, de partager et de transférer des pratiques nationales éprouvées d'évaluation des compétences; le modèle présenté ensuite a été inspiré des pratiques liées au modèle français du «bilan de compétences», de la méthodologie anglaise «APL — Accreditation of prior learning» et de l'«examen référentiel par critères» des Pays-Bas.

La validation de l'efficacité du modèle présenté pourra être effectuée à travers l'analyse comparative longitudinale de l'employabilité des ressources humaines formées dans des dispositifs pédagogiques qui développent la formation en fonction d'objectifs et évaluent les résultats de la formation au moyen de méthodologies de bilan de compétences ou de l'évaluation des opérations (ou stratégies d'évaluation équivalentes) avec l'employabilité des ressources humaines formées dans des dispositifs conventionnels.

Afin d'encourager et de gagner l'adhésion des professionnels de la formation et des *acteurs participants* à un modèle «expérimental» de bilan de compétences et de formation en fonction d'objectifs et d'unités de crédit «indexées» à des compétences, la possibilité pourrait être étudiée d'introduire des primes et/ou des avantages fiscaux pour les organisations et les citoyens amenés à adhérer et participer à ce dispositif.

Bibliographie

- Bjørnåvold, Jens, *Assessing non-formal learning: European developments and paradoxes,* exposé présenté à l'atelier TTnet, Cascais, mai 2000.
- Feutrie, Michel, *Identification, validation et accréditation de l'apprentissage antérieur et informel — France,* Office des publications officielles des Communautés européennes («Cedefop Panorama»), Luxembourg, 1998.
- Guerra, Maria Filomena, *Processos de reconhecimento e validação de competências,* ME (Educação/Formação; 5), Lisbonne, 1998.
- Guittet, André, *Développer les compétences par une ingénieure de la formation,* 2e édition, ESF, Paris, 1998.
- Holloway, Jacky, Lewis, Jenny, et Mallory, Geoff, *Performance measurement and evaluation,* Sage, Londres, 1995.
- Jolis, Nadine, *Compétences et compétitivité: la juste alliance,* les Éditions d'organisation, Paris, 1998.
- Kämäräinen, Pekka, *A new approach for linking 'key qualifications' to the renewal of qualification and curriculum frameworks,* communication au séminaire européen «Key qualifications: from theory to practice», Sintra, juin 2000.
- Kirkpatrick, Donald L., *Evaluating training programs: the four levels,* 2e édition, Berrett-Koethler, San Francisco, 1998.
- Le Boterf, Guy, *L'ingénierie des compétences,* les Éditions d'organisation, Paris, 1998.
- Levy-Leboyer, Claude, *La gestion des compétences,* les Éditions d'organisation, Paris, 1996.
- Nyhan, Barry, *Promoting learning in and for organisational contexts — The development of 'key qualifications/competences',* communication au séminaire européen «Key qualifications: from theory to practice», Sintra, juin 2000.
- OCDE, *Assessing and certifying occupational skills and competences in vocational education and training,* Paris, 1996.
- OCDE, *Qualifications et compétences professionnelles dans l'enseignement technique et la formation professionnelle: évaluation et certification,* Paris, 1996.
- OCDE, *Prepared for life? How to measure cross-curricular competencies* («Prêts pour l'avenir? Comment mesurer les compétences transdisciplinaires»), Paris, 1997.
- Paul, Jean-Jacques, e.a., *Les transformations des compétences du personnel technico-commercial d'une société basée sur les connaissances,* Cedefop, Thessalonique, 1998.
- Rothwell, William J., e.a., *ASTD models for human performance: roles, competencies and outputs,* ASTD, Alexandrie, 1997.
- Rothwell, William J., et Sredl, Henry J., *The ASTD reference guide to professional resource development roles and competencies,* ASTD, Amherst, 1987.

Annexe

Glossaire sur les thèmes: identification, évaluation et reconnaissance des qualifications et compétences ainsi que transparence et transférabilité des qualifications ([17])

Introduction

Les concepts possèdent une dimension sociale qui reflète un niveau de langage, une culture ainsi qu'un niveau spécifique de connaissance et d'expérience. Simultanément, les concepts façonnent notre compréhension du monde et influencent notre interprétation de ce que *nous voyons* — et de ce que *nous ne voyons pas.* Sur la base de ce constat, nous avons tenté de construire un glossaire regroupant un certain nombre de concepts liés au processus de l'apprentissage et à son résultat.

Le glossaire est divisé en cinq chapitres (seul le chapitre 4 est inclus ici):

1) Concepts liés à la connaissance et à l'apprentissage
2) Concepts liés au savoir-faire professionnel, à la qualification et à la compétence
3) Concepts liés aux savoirs de base et aux compétences clés
4) Concepts liés à l'identification, l'évaluation et la reconnaissance des compétences
5) Concepts liés à la transparence et à la transférabilité

Une bibliographie est donnée à la fin de l'ouvrage. Les concepts de base décrits ci-après soulèvent fréquemment des problèmes d'interprétation susceptibles de nuire à la communication entre interlocuteurs de langue et de culture diverses. C'est pourquoi nous avons tenté de fournir des définitions «consensuelles» dont le champ d'application s'affranchit des particularités nationales. Nous sommes conscients que les choix opérés ici sont discutables: il est impossible de trouver des définitions universelles pour des termes clés tels que compétence, qualification ou capacité. Ce glossaire a été rédigé initialement en anglais, ce qui explique les renvois fréquents aux termes anglais correspondants.

([17]) Extrait de la publication *Assurer la transparence des compétences: identification, évaluation et reconnaissance de l'apprentissage non formel en Europe,* Cedefop, 2000.

Chapitre I — Concepts liés à la connaissance et à l'apprentissage

Introduction

Savoir/connaissance (knowledge)

La notion de «savoir/connaissance» constitue le point de départ de ce glossaire. Il est important de souligner le caractère hétérogène du savoir, qui ne se limite pas à différencier ce qui est vrai (dans la nature) ou juste (dans la société humaine), ou encore authentique (dans l'art, etc.), de ce qui ne l'est pas. Toute appréciation portée sur la nature de la connaissance fait référence à des critères spécifiques et amène à définir les concepts de manière différente. Les définitions proposées ci-après reflètent la diversité des formes sous lesquelles s'exprime le savoir (savoir explicite, tacite, etc.). Par ailleurs, les concepts de savoir-faire professionnel *(skill),* qualification et compétence peuvent être interprétés comme autant d'expressions différentes du rapport existant entre la connaissance et l'environnement social (par exemple l'éducation, le travail, etc.).

Apprentissage (learning)

L'apprentissage est généralement envisagé comme un processus cumulatif permettant aux individus d'intégrer des entités de savoir.

Cette perception de l'apprentissage débouche sur des définitions centrées sur la capacité des individus à encoder, mémoriser et mobiliser la connaissance. Cette approche tend à être supplantée par une conception de l'apprentissage considérée comme une action sociale ou comme une adaptation à un environnement en évolution. Cette conception souligne l'importance du contexte de l'apprentissage. L'apprentissage à caractère professionnel, par exemple, ne se limite pas à l'assimilation d'entités abstraites de savoir; il doit également permettre à l'individu de se forger une identité sociale en s'intégrant dans un environnement professionnel. Contrairement à la première approche décrite ci-dessus, qui tend à réduire l'apprentissage à un processus mental, cette conception souligne le rapport essentiel entre l'objet de l'apprentissage et la société, ainsi qu'entre l'individu et son environnement.

Par ailleurs, le terme anglais *«learning»* désigne à la fois le processus et le résultat de l'apprentissage.

Chapitre IV — Concepts liés à l'identification, l'évaluation et la reconnaissance des compétences

Introduction

L'étude de la littérature révèle un manque de cohérence dans l'emploi de la terminologie relative à la **reconnaissance des compétences**, qui englobe deux aspects principaux:

a) l'aspect de la **reconnaissance formelle** (de jure) qui englobe l'identification, l'évaluation et la certification. Son objectif est de donner une visibilité maximale aux compétences d'un individu, tant formellement (grâce aux diplômes et certificats) que socialement et/ou institutionnellement (sur le marché de l'emploi);

b) l'aspect de la **reconnaissance sociale/professionnelle** (de facto) qui facilite l'orientation professionnelle, la recherche d'emploi et le développement professionnel, et qui favorise la promotion professionnelle. Cette seconde forme de reconnaissance passe notamment par la prise en compte des compétences acquises par des actions de formation (par exemple en alternance). La reconnaissance sociale/professionnelle des qualifications facilite la transférabilité des compétences dans les organisations.

Identification des compétences

L'identification des compétences vise à définir les éléments de compétence possédés par un individu (ou un groupe), ou requis pour accéder à une formation, indépendamment du mode d'acquisition de ces compétences.

Évaluation des compétences

L'évaluation des compétences peut être effectuée de plusieurs manières:

a) les compétences résultant de l'**apprentissage non formel ou informel** (voir chapitre I) peuvent être évaluées grâce à différentes méthodes, critères ou points de référence, en fonction du niveau considéré (entreprise/sectoriel/pouvoirs publics) et du type de régulation (marché de l'emploi ou système éducatif);

b) les compétences résultant de l'**apprentissage formel** sont évaluées dans le cadre de procédures (tests et examens) conduisant à la certification.

Accréditation ([18]) **des compétences**

Les compétences peuvent être accréditées de deux manières:

a) la validation des compétences non formelles consiste à certifier qu'un individu a acquis les compétences requises pour l'exercice d'un emploi, quel que soit le moyen dont ces compétences ont été acquises. Cette validation peut aboutir à une forme de reconnaissance plus formelle, par exemple en accordant des équivalences ou des crédits d'unités aux individus qui entreprennent une action formelle de formation, ou encore en délivrant des certificats ou des diplômes;

b) la certification des compétences acquises formellement est un processus qui permet aux organismes de formation ou aux autorités de tutelle de délivrer des certificats, des titres ou des diplômes, qui valident formellement les compétences acquises par les individus dans le cadre d'une action formelle de formation.

([18]) Le terme anglais *«accreditation»* a été utilisé au départ au Royaume-Uni. Il apparaît en outre dans les versions allemande et française du livre blanc «Enseigner et apprendre — Vers la société cognitive» publié par la Commission européenne en 1995.

Identification (des compétences) DE: Ermittlung (von Kompetenzen) EN: identification (of competences)	*Le processus qui consiste à délimiter le champ et le contenu des compétences.* *NB:* Ce processus peut s'appliquer aux compétences acquises d'une manière formelle (dans le cadre d'une action de formation débouchant sur la délivrance d'un diplôme) et à celles découlant de l'apprentissage informel ou non formel (par exemple pour accorder des crédits d'unités).
Évaluation (des compétences) DE: Bewertung/Evaluation (von Kompetenzen) EN: assessment (of competences)	Terme générique qui englobe l'ensemble des méthodes utilisées pour apprécier/juger la performance d'un individu ou d'un groupe. *NB:* L'évaluation peut s'appliquer à l'apprenant tout comme au formateur ou à l'action de formation. En anglais, l'évaluation des méthodes d'apprentissage est parfois appelée *«evaluation»* (et non *«assessment»*). Le terme «test» est habituellement utilisé pour décrire les actions d'évaluation entreprises dans le cadre de procédures formelles et spécifiques visant à garantir le niveau de fiabilité d'un dispositif.

Reconnaissance (des compétences)

DE: Anerkennung (von Kompetenzen)
EN: recognition (of competences)

Processus global qui consiste à octroyer un statut officiel aux qualifications acquises par des actions formelles de formation (en délivrant des certificats ou des diplômes, voir définition de certification) ou aux compétences acquises d'une manière non formelle/informelle (en accordant des équivalences, des unités de crédit, en validant des compétences acquises, etc.). Ce processus global constitue alors une *reconnaissance formelle.*

et/ou

Démarche entreprise par les acteurs socio-économiques en vue de reconnaître la valeur des compétences. Il s'agit alors de *reconnaissance sociale/professionnelle.*

NB: La *reconnaissance des compétences* est distincte de la *reconnaissance des qualifications,* qui désigne la reconnaissance par un État des diplômes obtenus dans un autre pays.

Certification (des compétences)

La certification constitue une reconnaissance officielle et formalisée des connaissances ou des qualifications acquises, qui atteste la réussite d'un individu à l'issue d'une action de formation ou d'un examen. La certification est un acte formalisé de reconnaissance sociale, administrative ou légale, qui possède de ce fait une valeur officielle [Organisation de coopération et de développement économiques (OCDE)].

NB: La certification, sous la forme d'un certificat ou d'un diplôme, possède une réelle valeur sociale ou professionnelle. Elle offre à l'individu un moyen d'action protégé par la loi et peut présenter une valeur importante sur le marché de l'emploi.
La certification peut renforcer la transparence des qualifications en attribuant une valeur formelle aux compétences acquises dans le cadre de la vie professionnelle. En France, la certification renvoie à une norme formalisée «officielle» qui garantit que le porteur du «certificat» a bien acquis les connaissances, les savoir-faire proposés par un programme de formation, et que l'on a vérifié ces acquis. Elle s'étend sur trois champs: celui des diplômes, celui des titres homologués et celui des certificats de qualification professionnelle (CQP) (Cedefop).

Certificat (de qualification professionnelle)/titre (homologué)/diplôme

DE: Abschlusszertifikat/
Befähigungsnachweis/Diplom
EN: certificate (of qualification)/
diploma/degree

Document officiel qui atteste le niveau de qualification atteint par un individu.

a) Certificat: document qui soit atteste qu'un cours ou un programme d'enseignement ou de formation a été régulièrement suivi, soit prouve qu'un examen dans l'un ou l'autre des domaines a été passé avec succès [Bureau international du travail (BIT)].

b) Diplôme: émanant de l'autorité légale, ce document possède une dimension juridique. Il peut conditionner l'accès à certaines professions ou à certains concours (d'après l'AFPA, 1992).

c) Titre: émanant d'une autorité compétente, les titres ont une dimension juridique. Le titre professionnel atteste l'aptitude du détenteur à exercer une profession (Cedefop). Le titre professionnel homologué est prononcé par la commission technique d'homologation (France).

NB: Le certificat de qualification professionnelle (France) est délivré à l'initiative et sous la responsabilité d'une commission paritaire nationale de l'emploi (CNPE) de branche et reconnue dans la classification des conventions collectives de la branche.

Homologation (des titres et des diplômes) DE: (staatliche) Anerkennung von Titeln und Diplomen EN: recognition of diplomas and certificates	Processus de reconnaissance, notamment par l'État (ou au niveau régional, par exemple par les chambres de commerce), d'un titre ou d'un diplôme. ***ou*** Procédure d'ordre réglementaire d'inscription sur une liste nationale de titres ou de diplômes de l'enseignement technologique dont le niveau a été préalablement défini (France, décret du 21 avril 1972 et du 8 janvier 1992).
Validation de l'apprentissage non formel EN: validation of non-formal learning DE: Validierung nichtformalen Lernens	La procédure qui consiste à reconnaître, dans la sphère de la formation, du travail, de la vie sociale, etc., des savoirs, des savoir-faire, des compétences au sens large acquis au cours de l'activité professionnelle, lors d'études indépendantes ou organisées, dans des pratiques associatives ou de loisirs, etc. (Cedefop, 1997). ***ou*** La prise en compte du capital de formation et d'expériences qu'un individu peut prouver pour lui-même ou pour autrui [Association française de normalisation (AFNOR)]. *NB:* Cette reconnaissance peut prendre des formes très diverses selon l'espace dans lequel elle est mobilisée, et selon les acteurs qui vont être amenés à apprécier les acquis: accès à des formations pour lesquelles on ne dispose pas du diplôme normalement requis, dispenses de formation, primes, promotions, appréciations, notations, etc.

Validation des acquis et professionnalisation des enseignants et formateurs

Créé par le Cedefop en 1998, le réseau *Training of Trainers Network* (TTnet) se définit comme un espace communautaire de communication, de coopération et d'expertise en matière de formation des enseignants et des formateurs de la formation professionnelle — espace tourné vers l'innovation et visant à satisfaire des besoins réels dans une optique de «marché».

Les *dossiers TTnet* veulent mettre à la disposition des acteurs qui œuvrent à des titres différents dans la formation des formateurs — décideurs politiques, centres de recherche et de documentation, organisations professionnelles des formateurs — les acquis issus des différents travaux du réseau TTnet, et contribuer ainsi au débat communautaire sur la formation des formateurs.

Le dossier TTnet n° 5 présente les résultats d'un atelier thématique sur «la validation des acquis et la professionnalisation des formateurs», organisé dans le cadre de la présidence portugaise de l'Union européenne, réunissant experts et praticiens des différents États membres autour de la question suivante: À quelles conditions la validation des acquis d'expérience peut-elle être considérée comme facteur de la professionnalisation des enseignants et des formateurs, dans le double sens d'une meilleure articulation entre l'expérience et la formation et entre la formation et la qualification?

Les résultats de ces débats sont à considérer comme le point de départ d'un travail plus approfondi qui sera mené par le réseau TTnet au cours de la période 2002-2003 sur ce même thème.

Cedefop
Centre européen pour le développement
de la formation professionnelle

TTnet dossier n° 5
Validation des acquis et professionnalisation
des enseignants et formateurs

Anne de Blignières-Légeraud
Jens Bjørnåvold
Anne-Marie Charraud
Françoise Gérard
Stamatina Diamanti
Alfred Freundlinger
Ellen Bjerknes
Horacio Covita

Luxembourg:
Office des publications officielles des Communautés européennes

2002 — VI, 172 p. — 21 x 21 cm

(Cedefop Reference series; 32 – ISSN 1608-7089)

ISBN 92-896-0121-3

N° cat.: TI-42-02-876-2A-C

Prix au Luxembourg (TVA exclue): 25 EUR

N° de publication: 3024